KB104307

별 게 다 고민인
사람들을 위한
심 리 학

진정한 나를 이해하게 되는
심리학 조언 51

별게 다
고민인
사람들을 위한
심리학

쑤룽종합연구소 가오하오룽 지음
임보미 옮김

책밥

별 게 다 고민인
사람들을 위한 심리학

—

2020년 11월 23일 1판 1쇄 인쇄
2020년 12월 1일 1판 1쇄 발행

—

지은이 쑤룽종합연구소 가오하오룽
옮긴이 임보미
펴낸이 이상훈
펴낸곳 책밥
주소 03986 서울시 마포구 동교로23길 116 3층
전화 번호 02-582-6707
팩스 번호 02-335-6702
홈페이지 www.bookisbab.co.kr
등록 2007.1.31. 제313-2007-126호

—

기획·진행 권경자
디자인 디자인허브

—

ISBN 979-11-90641-24-1 (03180)
정가 17,000원

책밥은 (주)오렌지페이퍼의 출판 브랜드입니다.

이 도서의 국립중앙도서관 출판예정도서목록(CIP)은 서지정보유통지원시스템 홈페이지
(http://seoji.nl.go.kr)와 국가자료종합목록시스템(http://www.nl.go.kr/kolisnet)에서
이용하실 수 있습니다. (CIP제어번호 : CIP2020044426)

✿

늘 행복한 일상을 만들고 싶다면
비교하지 않고 거리를 두지 않으며
삶에는 기쁨과 고통이 공존한다는
사실을 인정해야 한다.

인간관계에 대한 고민, 심리학으로 타파!

복잡한 연애고민, 심리학으로 타파!

순간순간 닥치는 인생고민, 심리학으로 타파!

일상의 고민,
심리학으로 타파!

일상의 고민들은 늘 우리를 괴롭힌다.
내키지 않는 일을 어떻게 하면 즐겁게 할 수 있을까?
미루는 습관은 어떻게 고쳐야 하며,
휴대전화에 대한 집착은 또 어떻게 버릴 수 있을까?
사실 이런 일상의 고민들은 심리학으로 충분히 해결할 수 있다.
그럼 지금부터 그 해결방법에 대해 알아보자!

01 내키지 않는 일도 즐겁게 할 수 있다고?

다람쥐 쳇바퀴 돌듯 정해진 계획대로 살아가는 현대인들의 일상은 마음속에 수많은 고민을 만들어 낸다. 직장인들을 괴롭히는 월요병처럼 말이다.

이런 상황은 학생들에게서 더욱 두드러지게 나타난다. 원래는 스트레스를 줄여볼 생각으로 TV를 켜고 휴대전화를 손에 쥐었지만 한참을 보다 보니 공부시간을 허비하는 낭패를 보기 십상이다. 디데이가 가까워진 과제와 시험 압박이 더해질수록 도무지 즐겁게 해낼 수 있는 방법이 떠오르지 않는다.

그런데 어떤 사람들은 월요일 아침인데도 피곤한 기색은커녕 활력이 넘쳐흐른다. 심지어 언제 어디서든 충만한 에너지를 뿜어낸다. 분명 시간은 내가 컨트롤할 수 있는 것인데, 왜 막바지에 이르면 항상 시간에 쫓기는 걸까? 왜 끝까지 안정적인 컨디션으로 효율적인 일처리를 하지 못하는 것일까?

별 게 다 고민인 사람들을 위한 심리학

부정적인 자기암시가 나를 힘들게 한다

마음속 간절한 기대는 우리의 행동에 영향을 미치고 마지막 결과까지 이끄는 경우가 많다. 설사 그 기대에 대한 근거가 사실이 아니었더라도 우리의 강렬한 기대로 인해 사실이 되기도 한다. 심리학에서는 마음속의 강력한 기대가 행동에 영향을 줌으로써 그 기대가 실제가 되는 현상을 피그말리온 효과(Pygmalion effect)라고 부른다.

　사회심리학자 로버트 킹 머튼(Robert King Merton)과 심리학자 로버트 로젠탈(Robert Rosenthal)은 각각의 실험을 통해 이 효과를 증명했다. 이들의 실험을 예로 살펴보자.

| 로버트의 실험

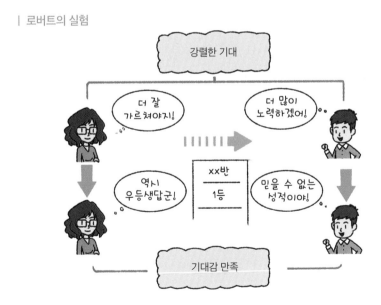

연구자가 교사에게 학급의 우등생 그룹을 알려주고 8개월이 지난 뒤 그 학생들의 성적을 살펴본 결과, 실제로 이들이 반에서 상위권 그룹을 형성했다. 사실 우등생 그룹 명단은 무작위로 작성한 것이었다. 하지만 교사는 이 학생들에게 기대감을 갖고 더 많은 노력을 기울였으며, 이로 인해 학생들은 더 나은 학습환경에서 공부할 수 있었다. 그 결과 성적이 향상되었고 '우등생이라면 더 잘할 것'이라는 교사의 기대감 역시 충족되었다.

다른 한편으로 기대심리의 전환을 통해 감정과 행동을 변화시킬 수도 있다. 미국의 작가 마크 트웨인(Mark Twain)의 소설 《톰 소여의 모험》에는 톰의 페인트칠 일화가 나온다. 톰은 내키지 않는 페인트칠을 그림 그리는 것이라 생각하고 일이 아닌 놀이로 받아들임으로써 즐거운 마음으로 마무리할 수 있었다.

페인트칠이 그림을 그리는 놀이가 되듯이 생각을 바꾸면 우리 일상 속 고민들도 자연스럽게 해결할 수 있을 것이다.

즐거운 마음가짐을 위한 세 가지 방법

하고 싶지 않은 일이라도 즐거운 마음으로 해야 한다면 다음의 방법들을 시도해볼 수 있다.

생각 바꾸기

우선 피그말리온 효과를 떠올려보자. 만약 눈앞에 쌓여있는 일을 즐겁지 않은 일로 단정 짓는다면 더욱 내키지 않을 것이다. 물론 이런 생각이 잘못된 건 아니다. 단지 스스로 동기부여를 하기에 부족하다는 의미다. 자신이 없다면 이상적인 기대감을 가질 수 없다.

그래서 우리는 평소 긍정적인 태도로 상황을 바라보는 방법을 배울 필요가 있다. 즐겁지 않은 일에서 즐거움을 찾는 최고의 방법 가운데 하나는 다름 아닌 생각을 바꾸는 것이다. 시선을 바꾸면 암흑 속에서 한 줄기 빛을 발견할 수 있는 것처럼 말이다.

| 즐거운 마음가짐을 위한 방법

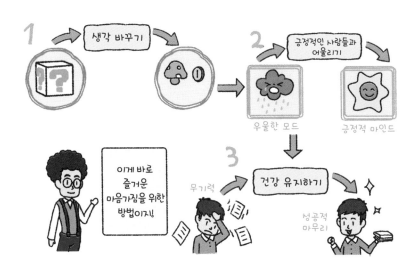

긍정적인 사람들과 어울리기

긍정적인 태도를 유지하는 것은 즐거운 일상을 위한 숙제다. 외부의 사물을 바라보는 시선을 바꾸는 것 외에 긍정적인 사람들과 어울리는 것도 하나의 방법일 수 있다. 또 서로의 차이는 단점이면서도 상호 보완할 수 있는 장점이기도 하다. 부정적인 면만 보이더라도 앞에서 예로 든 톰처럼 긍정적인 면을 찾을 수 있는 사람이라면 눈앞에 놓인 문제를 더 완벽하게 이해할 수 있을 것이다. 하고 싶지 않은 일을 해야 할 때라면 우리 주변의 톰을 찾아보자. 그럼 즐겁게 해낼 수 있는 방법을 알려 줄지도 모르니 말이다.

건강 유지하기

감정적으로 불쾌하더라도 어쨌든 일을 해낼 수는 있다. 하지만 건강이 좋지 않다면 하고 싶은 일마저도 하지 못할 때가 있다. 건강한 몸은 심리건강을 지키는 중요한 요소다. 연구에 따르면 일과 휴식의 균형 및 수면의 질은 그날 하루의 마음가짐과 일처리 능력에도 영향을 미치는 것으로 나타났다.

※ 심리학 조언

지금의 내 상황을 바꿀 수는 없더라도 마음가짐만큼은 바꿀 수 있다. 더 중요한 것은 파트너와 함께 긍정적인 마인드로 서로를 격려한다면 우리 주변을 긍정적인 정서로 물들일 수 있다는 점이다. 그럼 우리는 더 쉽게 긍정적인 태도로 오늘 하루를 보낼 수 있을 것이다.

별 게 다 고민인 사람들을 위한 심리학

02 스트레스 해소를 위한 최선의 방법은?

생활 속 스트레스는 도처에 널려 있다. 대부분의 이유는 다음과 같다.

- 내키지 않는 일을 해야 할 때: 얻을 것이 없고 리스크가 높은 일은 우리를 한 발 물러서게 한다. 월요일 아침 지옥철을 타러 가는 그 마음이 즐거울 리 만무하다. 특히 적성과 무관한 일을 하고 있다면 그만큼 스트레스는 커질 것이다.
- 만나고 싶지 않은 사람을 만나야 할 때: 이런 인간관계는 현대인에게 주요한 스트레스의 원천이다. 〈뉴욕타임스〉가 조사한 결과에 따르면, 사무실에서 받는 스트레스의 원인으로 세 명 중 한 명은 동료와의 문제를 들었다.
- 스스로가 마음에 들지 않을 때: 자존감이 떨어졌거나 상처를 받은 경우다. 스트레스는 몸과 마음에 영향을 미친다. 스트레스가 자율신경계를 자극하면 우리의 몸과 마음은 불편함을 느낀다.

그럼 어떻게 하면 스트레스와 심신의 불편함을 줄일 수 있을까?

긍정심리학의 명상을 통해 스트레스 풀기

과도한 스트레스를 어떻게 해소해야 할지 모를 때 사람들은 긴장하고 두려움을 느낀다. 이때 우리는 조금의 여유를 갖고 긍정심리학에서 강조하는 명상법으로 스트레스를 풀어볼 수 있다. 몸과 마음의 긴장을 내려놓고 눈앞의 어려움을 직시하는 것이다.

명상법은 크게 이완과 명상 두 가지로 나눠볼 수 있다. 명상은 무의미한 공상이 아니라 스스로를 반복적으로 안정적인 상태에 놓아둠으로써 마음의 소리에 귀 기울이고 자신과 주변 환경 사이의 관계를 알아가는 것이다. 이를 통해 마음속의 제한된 시공간에서 서서히 해방되는 과정이다. 제한된 시공간에서 해방되면 마음에서 자신의 존재감을 다시

| 이완연습

별 게 다 고민인 사람들을 위한 심리학

금 확인할 수 있다. 이렇듯 명상으로 여유를 찾고 휴식을 통해 신체기능의 회복을 도울 수 있다. 명상은 지나치게 긴 시간을 필요로 하지 않는다. 20~30분만 할애한다면 몸과 마음을 편안하게 할 수 있다.

명상으로 스트레스 해소하는 법

제1단계: 이완

- 30분 정도 방해받지 않을 만한 조용한 장소를 선택하자(사람들이 잘 다니지 않는 계단 등).
- 몸을 완전히 쭉 펴고 기댈 수 있는 장소로 가자(매우 편안한 의자 혹은 사무실 근처의 공원 잔디밭 등).
- 편안하게 눈을 감고 어둠 속의 한 점에 집중해보자.
- 아주 길게 심호흡을 하며 천천히 숨을 내쉬자(수를 세는 방법으로 마음속으로 네 박자를 세며 들이마시고 내쉬기를 해볼 수 있다).
- 스스로에게 말하자. '앞으로 몇 분 동안 이완하는 데만 집중하자.'
- 숨을 들이마실 때 발꿈치를 10~20초가량 힘껏 당기고, 내쉬며 발꿈치를 완전히 이완시키자. 매번 호흡을 내쉴 때마다 스스로에게 말하자. '나는 지금 스트레스를 내뱉고 있다.' 이어서 같은 방법으로 숨을 들이마시며 손가락을 10~20초 정도 잡아당겨 보자. 계속해서 이런 방법으로 종아리, 척벅지, 복부 등을 차례로 스트레칭하

자. 스트레칭을 마치고 나서도 여전히 긴장된 부분이 있는지 살펴보고 다시 호흡을 하며 그 부분을 스트레칭해보자.
- 온몸을 이완한 후 조용히 앉아 스스로가 편안해지는 말을 하자.

제2단계: 명상

- 우선 이완을 한다.
- 잡념을 떨치고 눈앞에 텅 빈 스크린이 놓여있다고 상상한다.
- 마음속으로 당신이 하고 싶은 일을 분명하게 떠올린다. 예를 들어 영화를 본다고 상상하자. 영화 속 주인공이 당신이고 조연은 당신 주변의 환경이다.
- 이 상황에서 하나하나 일을 완성한다고 상상해보자(오후에 브리핑이 있고, 그 브리핑은 줄곧 당신을 공포에 떨게 만들었다고 가정하자. 그렇다면 당신은 자신의 브리핑을 보고 있다고 상상할 수 있다. 상상력을 통해 그 속의 내용과 청중의 태도를 변화시킬 수 있다).
- 중간에 혹여 긴장되거나 걱정스러운 마음이 생긴다면 다시 원점으로 돌아가 마음을 비운 후 다시 시작하자(당신의 브리핑을 듣고 있는 사람들을 살펴보자. 그들 모두가 당신의 브리핑을 트집 잡기 위해 앉아있는 것은 아니다. 그들은 사실 당신의 브리핑을 경청하고 있다. 만약 스스로 부족하게 느껴지는 부분이 있다면 머릿속으로 하나하나 수정하면서 청중을 살펴보자. 그들은 점점 훌륭해지는 당신의 브리핑에 빠져들고 있을 것이다).

- 일을 성공적으로 마무리할 수 있을 때까지 반복하다 보면 더 이상 두렵거나 긴장되지 않을 것이다.

| 명상연습

우리는 영화나 소설을 보면서 등장인물이나 줄거리에 마음을 빼앗겨 함께 기뻐하고 슬퍼한다. 등장인물이 구조되면 마치 내가 구사일생이라도 한 듯이 말이다. 우리의 몸은 이완되며 마음의 안정을 찾을 때 비로소 더 큰 스트레스의 도전과 마주할 수 있는 힘이 생긴다. 장기간 이런 기술을 활용한다면 평소에는 물론 다른 사람들이 불안해하는 환경 속에서도 냉정한 자세로 충분한 에너지를 유지할 수 있을 것이다.

03 행복한 하루를 보내는 방법?!

당신 주변에 혹시 이런 친구가 있는가? 당신보다 수입이 적고 아직 배우자를 만나지 못했으며, 당신이 일찍부터 초역세권에 집을 마련하는 동안 여전히 여기저기 살 곳을 옮겨 다녀야 하는 친구 말이다. 그런데 아이러니하게도 당신은 늘 죽을상인데 그 친구는 마냥 행복한 얼굴이다. 가진 것이 더 많은 당신임에도 왜 행복하지 않은 것일까?

우리가 진정한 행복은 멀리 있지 않다는 사실을 깨달은 건, 행복이 단지 소유가 아니라 그보다 중요한 가치라는 점을 의식하게 되었기 때문일 것이다.

행복의 심리학 파헤치기

행복에 대해서 논하려면 해당 분야의 최고 권위자라 할 수 있는 긍정심리학자 마틴 셀리그만(Martin Seligman)을 빼놓을 수 없다. 그가 말하는 긍정심리학에서는 작은 오해로 인해 인간과 행복의 간극이 점점 더 벌

별 게 다 고민인 사람들을 위한 심리학

어지고 있다고 말한다.

　우선 셀리그만은 우리 모두는 내재적으로 행복할 수 있는 힘을 가지고 있지만 외재적인 것들에 지나치게 집중한 나머지 물질이나 금전적인 부분에서만 행복을 느낄 수 있다고 오해함으로써 타고난 내재적 행복을 놓치고 있다고 말한다.

　또한 과거 사람들은 외적인 물질에서 확실성을 찾으려고 노력했지만 사실 이 세상은 불확실성으로 가득 차 있다. 우리는 확실성에 만족해하며 이미 확정되어 결코 변하지 않을 것이라 오해하는 대상들에 머물러 있다. 그러다 변화가 찾아오면 어쩔 줄 몰라 하며 당황한다.

　젊은 시절 겪게 되는 사랑에 대한 오해를 떠올려보면 이해가 쉬울 것

| 즐거운 생활

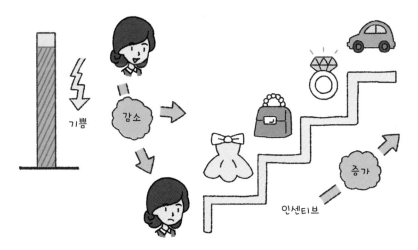

이다. 젊은 시절 우리는 사랑이 영원할 것이라 믿는다. 그러다 이별을 맞게 되면 다시는 그런 스타일의 연인은 만나지 않을 것이라고 결심한다. 사랑이 변하고 이별을 겪으며 우리는 무기력해지고, 세상이 우리가 생각했던 것과 다르다는 것을 알아차리는 것이다.

정리해보면 우리가 행복해지는 긍정적 심리는 자신에 대한 충분한 통찰과 외부세계에 대한 이해를 바탕으로, 세상의 다양한 변화에 적응하며 마음속의 유연성을 유지하고 자신만의 행복을 찾는 것이다.

행복의 단계

즐거운 생활

행복은 후천적으로 얻을 수도 있지만 사실 과학적인 연구결과에 의하면 50%는 유전적 영향이라고 한다. 이밖에도 행복은 체감의 법칙을 따른다. 여름철 아이스크림을 한 입 베어 물었을 때와 열 번째 베어 물었을 때 느끼는 만족감의 차이처럼 말이다.

우리는 자신을 위한 인센티브 시스템을 만들어볼 수 있다. 예를 들어 무언가를 해내고 나면 자신을 위해 좋아하는 옷을 사거나 맛있는 식사를 하는 것이다. 중요한 것은 무언가를 확실히 해냈을 때 자신에게 인센티브를 제공해야 한다는 것이다.

몰두하기

행복은 생활 속 어떤 대상에 몰두함으로써 얻을 수 있다. 일에 몰두하듯이 말이다. 무언가에 몰두하면 시간이 흐르는 것조차 느끼지 못하기도 한다. 일상 속 중요한 사람을 인센티브 시스템에 참여시키자.

무언가에 몰두하면 무기력함을 느끼기는커녕 그 일이 힘들게 느껴지지도 않을 것이다. 몰두할 대상이 있는 사람은 삶의 주도권을 잡을 수 있고 설사 다른 부분에서 큰 실패를 겪더라도 여전히 행복하게 살아갈 수 있다.

그런데 이들은 비록 무기력함을 느끼진 않지만 타인과 외부세계와의

| 몰두하는 생활

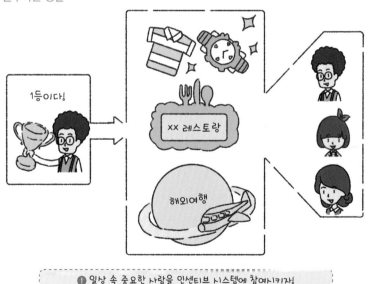

⚠️ 일상 속 중요한 사람을 인센티브 시스템에 참여시키자!

관계가 원만하지 않을 수 있다. 이런 경우라면 주변의 중요한 사람을 인센티브 시스템에 참여시켜 보자. 일상에서 참여자가 되면 서로 지지하고 응원할 수 있을 뿐만 아니라 즐거움을 공유하면서 다른 사람의 피드백을 통해 행복을 배가시킬 수 있다. 단, 이 과정에서 초심을 잃어서는 안 된다. 예를 들어, 일을 해서 돈을 버는 것은 아이에게 더 나은 삶을 선사하기 위해서였는데, 바쁜 업무 때문에 오히려 가족에게 소홀해지는 상황이 발생하지 않도록 말이다.

의미 있는 삶

셀리그만은 또한 진정한 행복은 의미 있는 삶을 살아야만 얻을 수 있다고 보았다. 심리학자 엘렌 랭어(Ellen J. Langer)의 말처럼 "그들은 자신을 이해한다." 사람들은 대부분 자신의 장점과 단점을 알고, 자신의 장점을 활용해 소통하고 타인과 함께 행복할 수 있는 방법을 알고 있다.

우리는 주변 사람들과 함께 타인에게 도움이 되는 일을 하며 행복한 마음을 전할 수 있다. 그 한 가지 방법이 당신에게 큰 감동을 주었지만 한 번도 고마운 마음을 표현하지 못했던 사람에게 편지를 쓰는 것이다. 셀리그만은 이렇게 마음을 전한 사람들은 대부분 감동의 눈물을 흘리고, 우울한 마음도 함께 줄어든다고 했다. 행복의 세 단계는 우리에게 행복을 안겨준다. 하지만 의미 있는 삶의 단계에 올라야만 비로소 지속적이고 내재적으로 컨트롤 가능하며 주변 사람들과 함께하는 행복을 얻을 수 있다.

| 의미 있는 삶

아침 나눔

책 나눔

마음 나눔

우산 나눔

※ 심리학 조언

지속적으로 행복을 누리고 싶다면 우선 행복이 어디에서 오는지 알아야 한다. 행복은 이미 소유한 것들에 고정되어 있지 않다. 행복이란 에너지는 다른 사람과의 원만한 관계를 통해 긍정적으로 확산되고 베풀고 사랑하는 사이에서 더 오래 지속될 수 있다.

04

스트레스를 빠르게
해소할 기분전환법

샤오장은 여자친구 집 앞을 서성거린다. 오늘은 여자친구의 생일이다. 원래는 여자친구와 함께 시간을 보내며 축하해주려고 했는데, 하필 오늘 샤오장은 실직하고 말았다. 두 사람은 연말에 해외여행도 가고 내년쯤에는 양가 어른들에게 결혼허락을 받을 계획이었다. 그러나 이제는 일과 사랑, 집안일로 인한 스트레스에 더 이상 버틸 힘조차 없고, 무언가를 하려 해도 집중할 수가 없다. 마치 멈추지 않는 팽이처럼 불안한 마음으로 살아갈 뿐이다.

우리 생활 속에는 수많은 스트레스의 원천들이 깔려 있다. 그런 생활 속 스트레스를 해소하는 방법을 알아가는 것이 이제는 하나의 학문이 되었을 정도다. 더 중요한 것은 스트레스는 언제라도 갑자기 튀어나와 우리를 옭아맨다는 점이다. 만약 스트레스에 대응하는 방법을 찾게 된다면, 골치 아픈 일을 할 때도 어느 정도의 스트레스를 동력으로 삼아 스트레스를 이겨내는 방법도 알 수 있을 것이다.

스트레스의 출처와 특징

우리는 몸과 마음으로 스트레스를 느낀다. 스트레스는 자율신경계의 반응을 불러일으키는데, 이 자율신경계는 교감신경과 부교감신경으로 이루어져 있으며, 우리의 호흡과 심장박동 그리고 소화활동까지도 통제한다.

　일반적으로 스트레스로 인한 자율신경계의 자극은 기본적으로 다음의 세 단계로 구분한다.

경보단계

예를 들어 내일 브리핑을 해야 한다면 우리 몸의 자율신경계는 스트레스 경고 메시지를 보낸다.

억제단계

아드레날린이 분비되면서 스트레스를 억제하는 동시에 스트레스를 받으면서도 일을 지속하도록 한다. 이 단계에서 우리는 자신의 에너지가 소모된다는 사실을 간과한 채 밤을 새우는 등 지나치게 많은 에너지를 쏟고 있다.

소진단계

스트레스를 억제하느라 체력이 바닥나면 면역체계에 이상이 생길 수

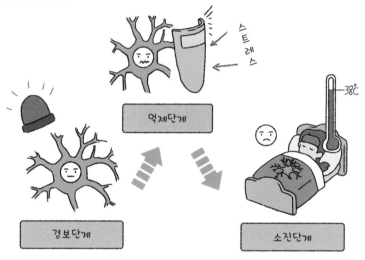

있다. 이런 경우 쉽게 질병에 노출되는데, 특히 자율신경계와 관련된 질병이 발생할 가능성이 높아진다.

스트레스 대상에 대한 시선에서 스트레스가 시작된다

스트레스의 주요 원인은 외부적인 일(일, 타인) 때문이 아니라, 그 일을 보는 우리 마음속의 시선 때문이다.

일반적으로 만족도, 인간관계, 인생의 의미 이 세 가지 관점에서 자신의 마음상태를 살펴보고, 스트레스를 받는 자신의 심리를 알 수 있다.

이 세 가지 균형은 우리의 삶이 잘 굴러가고 있는지를 살펴보는 핵심이다. 인간행동학 분야의 데니스 웨이틀리(Denis Waitley) 박사는 스트레스를 받는 사람의 경우 이 세 부분에 대해 부정적인 마인드를 가지고 있다고 보았다. 스트레스를 받는 사람들에게서 흔히 보이는 아홉 가지 부정적 마인드는 다음과 같다.

- 삶이란 본래 즐거울 수 없다.
- 좋아하는 일을 하면 큰돈을 벌 수 없다.
- 인생의 목표가 없는 나라는 사람은 분명 문제가 있다.
- 나에게 이상적인 삶이란 단 한 가지뿐이다.
- 특정 분야의 전문가나 특정한 실험이라면 내가 뭘 해야 할지 알려줄 수 있을 것이다.
- 진정한 일은 업무시간이 일정하고, 누군가를 대신해 하는 것이다.
- 내 삶이 엉망인 것은 나라는 사람이 엉망이란 의미다.
- 누군가(혹은 어떤 일)를 선택하면 어떠한 일이 있어도 끝까지 간다.
- 삶을 바꾸고 싶다면 고통을 견뎌야 한다.

위의 아홉 가지를 보면 수입도 좋고, 객관적인 조건도 좋은 사람들이 늘 불안해하고 삶을 유지하는 데 있어 더 큰 스트레스를 받는 이유가 무엇인지 쉽게 알 수 있다.

케임브리지대를 졸업한 한 여성을 예로 들어보자. 그녀는 졸업한 후

고소득의 금융업계에 취업했지만 나중에는 누군가를 서포트하는 직업을 선택했다. 수입도 크게 줄고 사람들의 부러운 시선도 사라졌을 뿐 아니라 익숙했던 생활권에서도 벗어나게 되었지만, 그녀는 잘나가는 위치에서 높은 소득을 올리며 많은 부동산을 가진 어느 누구보다 편안해보였다. 그녀는 긍정적인 마인드로 앞에서 언급한 아홉 가지 부정적인 생각들을 털어냈기 때문이다.

생각을 바꾸면 공부와 스트레스가 공존할 수 있다 ⓘ

스트레스를 받을 때 마음가짐을 바꿔 스트레스를 해소하는 방법으로는 여러 가지가 있다. 예를 들어 연인이 이틀간 연락이 안 되면 우리는 바로 '그(그녀)는 나를 사랑하지 않아 떠난 게 틀림없어'라며 '그(그녀)가 나를 사랑하지 않는 것은 내가 부족한 탓이야'라고 자책한다. 그러면서 스스로 '부족하다'는 생각이 가져온 스트레스에 무너지고 만다. 웨이틀리는 이러한 상황에 대응할 수 있는 긍정적인 마인드를 제시하면서 스트레스를 직시하고 변화시키라고 말한다.

- 사소한 스트레스가 더 큰 감정이 되기 전에 해소하라.
- 필요하다면 도움의 손길을 내밀어라.
- 불합리한 요구에는 '아니오'라고 말하라.

- 자신을 어떻게 대하기 원하는지 명확하게 밝혀라.
- 다수에게 이로운 방법을 찾기 위해 노력하라.
- 마음의 문을 열고 건설적인 비판과 제안을 받아들여라.
- 칭찬에 감사하는 것을 잊지 마라.
- 타인과 원만한 관계를 유지하라.
- 업무에 어려움이 있을 때는 사실에 근거해 처리하고 자신을 평가 절하하지 마라.
- 긍정적으로 경청하는 습관을 통해 타인과의 소통에 집중하라.
- 실패를 직시하되 문제를 크게 받아들이지 말고 도전으로 삼아라.

05

명품에 집착하는 습관,
고칠 수 있을까?

영화 〈쇼퍼홀릭〉 속 주인공 레베카는 명품을 사기 위해 빚더미에 앉을 정도로 명품에 열광한다. 다른 사람들의 눈에는 재테크도 잘하고 나름 교양있는 사람으로 보이지만 사실 쇼핑욕구를 제어하지 못하는 말 못할 고민으로 괴로워하고 있다. 게다가 은행의 빚 독촉에 시달리자 가까스로 얻은 사랑마저도 그녀의 실상을 알고는 떠나버린다. 물론 소비 자체가 나쁜 일은 아니다. 명품을 구매한다고 해서 맹목적으로 사치하는 인생이라고 단정 짓는 것은 옳지 않다. 하지만 구매욕구를 절제하지 못하고, 스스로도 옳지 않은 선택인 줄 알면서도 소비하고 있다면 쇼핑중독의 기본조건을 갖춘 셈이다.

이처럼 쇼핑에 대한 욕구를 절제하지 못하는 이유 중 하나는 특정 브랜드에 대한 콤플렉스다. 명품 콤플렉스는 마니아들의 구매욕구를 자극하고, 그로 인해 하나둘 사다 보면 감당할 수 없는 경제위기에 빠지기도 한다. 그럼 도대체 왜 이런 명품에 집착하는 쇼핑중독에 빠지는 것일까?

비뚤어진 열등감

'필요없는 물건이 많아질수록 당신은 부유해진다'라는 톨스토이의 부에 대한 정의가 있다. 이처럼 명품중독과 일반적인 쇼핑중독의 차이점은 명품이라는 후광이 심리적인 보상작용을 한다는 점이다. 우리는 스스로 어떤 부분이 부족하다고 느끼면 열등감에 빠지지만 이럴 때 어떻게 자존감을 회복할 수 있는지에 대해서는 모른다. 그럴 때 미디어에서는

| 명품의 후광효과

미음속 킬킵을 베우는 쌍

불안함을 달래는 중

고품격 이미지인 명품을 만들어 내고, 이것으로 마음속 결핍을 채우라고 자극한다. 특히 온라인 쇼핑이 급속하게 퍼지면서 몇 글자만 입력하면 금세 마음속 불안을 떨칠 수 있다.

마음이 심란한 것은, 쉽게 말해 허파에 바람이 들어서일 수 있다. 하지만 이러한 바람이 외부적인 환경에서 비롯되는 것은 부정할 수 없다. 다양한 소비정보가 쏟아지면 사람들은 마음이 불안해진다. 마치 '이걸 사지 않으면', '저걸 갖지 않으면' 비주류로 전락해버릴 것 같은 불안함이 용솟음치는 것이다.

더불어 이런 상황은 악순환으로 이어진다. 휴스턴대 사회복지연구소의 브렌 브라운(Brene Brown) 교수는 자신의 책 《수치심 권하는 사회[I Thought It Was Just Me(But It Isn't)]》에서 다음과 같은 말을 남겼다. "잡지사는 광고란을 내주며 돈을 벌지, 고객의 주문서로 돈을 버는 것은 아니다. 그들의 목적은 우리가 표지모델을 보고 수치심을 느껴 잡지에서 광고하는 화장품을 구매하도록 만드는 것이다. 우리가 많이 구매할수록 화장품 회사는 더 많은 광고란을 사게 된다…. 그렇게 돌아가는 것이다."

브라운 교수의 말처럼 '우리는 아직 부족해'를 각인시키는 광고카피들 속에서 살고 있다. 그러다 보니 올바른 행동을 하기가 쉽지 않다. 하지만 이런 행동을 하는 이유는 우리가 정말 원해서라기보다 자신을 과소평가하는 마음가짐에서 비롯된다.

명품쇼핑은 우리의 현실에서 벗어나는 방식이다. 우리 마음속 열등감이 상업 메커니즘에 의해 조종당하고 있는 것이다. 미디어의 순위 매기기나 화려한 미사여구는 우리를 조종하는 도구들인 셈이다.

마음의 안정은 만드는 것이다

명품 콤플렉스를 푸는 열쇠는 열등감 회복과 마음의 안정에 있다. 이를 위해 다음의 방법들을 시도해보자.

스스로에게 등급을 매기지 말자

명품 콤플렉스의 배후에는 스스로의 등급을 매기는 작용이 숨어 있다. 예를 들어 명품 브랜드 L 핸드백이 없으면 대기업이나 사람들이 알만한 좋은 회사에 다니는 것이 아니라는 식의 편견이다. 명품으로 자신의 성공을 드러낼 수 있다고 여기며 자신의 진정한 아름다움은 숨긴 채 스스로를 작게 만든다. 스스로를 등급화하지 않는다면 자신의 가치관을 확장시키고 세상을 바라보는 시선을 다원화할 수 있다. 더불어 명품에 기대야 한다는 불안감을 피할 수 있다.

내적 열등감을 피하지 말고 직시하자

다년간 중국시장을 연구한 제임스 맥그레거(James McGregor)는《중국 비즈니스 최전선(One Billion Customers)》에서 '탐욕스럽게 돈을 벌고 끊

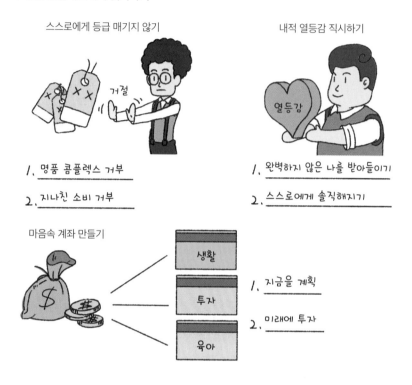

스스로에게 등급 매기지 않기

1. 명품 콤플렉스 거부
2. 지나친 소비 거부

내적 열등감 직시하기

열등감

1. 완벽하지 않은 나를 받아들이기
2. 스스로에게 솔직해지기

마음속 계좌 만들기

$

생활
투자
육아

1. 지금을 계획
2. 미래에 투자

임없이 사치품을 구매하는 것은 스스로 부족하다고 느끼는 수치심을 가지고 있기 때문이다'라고 언급한 바 있다.

자신의 불완전함을 인정하고 부족함을 포용하며 천천히 발전해나간다면, 점차 소비를 통해 결핍을 메우려는 행동을 멈추고 명품의 유혹도 쉽게 뿌리칠 수 있다.

마음속 계좌를 만들자

연구에 따르면 삼성페이나 카카오페이 같은 모바일 결제 서비스 또는 회원카드에 일정 금액을 충전해두면 더 많은 소비행위를 하는 것으로 나타났다. 만약 이 돈을 생활비, 미래를 위한 투자, 아이 교육비 등의 명목으로 은행계좌에 넣어둔다면 우리의 내면을 위해 이 돈을 활용할 것이다. 이러한 방법도 명품쇼핑을 줄이는 데 긍정적인 영향을 줄 수 있다.

명품이 우리의 가치를 결정하는 것일까, 우리가 명품을 과대평가하는 것일까? 명품을 외면하라는 의미가 아니다. 다만 완벽하지 않은 나를 사랑해야 한다는 것이다. 명품이 우리의 아름다움에 플러스가 될 수는 있지만 명품만으로 우리가 사랑받을 만한 사람이 되는 건 아니다.

06

미루는 습관은
이제 그만?

아바오는 강의실로 향한다. 대학 입학 후 이제껏 단 한 번도 시간에 맞춰 과제를 제출해본 적이 없다. 농구부 훈련이 너무 피곤해서, 깜박하고 집에 두고 와서, 제출시간을 잊어서 등등 늘 제때 제출할 수 없는 걸림돌들을 만들어 냈다.

아바오는 제때 과제를 제출하지 않는 여느 학생과 마찬가지로 고의로 시간을 안 지키는 건 아니다. 아주 훌륭하게 정리된 과제를 제출하고 싶었고 그러지 못한 스스로에게 화가 난다. 하지만 그런 친구들은 늘 정해진 계획을 이행하지 못한다. 매일 두 시간씩만 할애하면 될 일을 굳이 전날까지 질질 끌다가 기어이 스트레스로 쌓인 산의 정상에 오르고 마는 것이다.

중요한 건 이런 습관적인 미루기가 학교생활뿐만 아니라 일상생활 전반에 걸쳐 나타나고 있다는 점이다. 예를 들어 샤오린은 최근 여자친구와의 관계가 썩 좋지 않다. 미루기 습관이 그의 연애에도 악영향을 미친 것이다. 오래전에 한 약속임에도 불구하고 아침식사 하기, 옷 고르기, 정리 등과 같이 미리 해둬야 할 잡다한 일들을 하느라 늘 약속시간에 늦어 결국 영화마저 못 보게 만든다. 이런 그의 행동은 약속할 때의 설렘을 다 망쳐버리곤 한다.

미루기의 문제점

무언가를 미루는 것은 미래의 시간을 가져다 쓰는 셈이다. 그 미래의 시간은 다른 부분에서 더 행복해지는 데 쓰여야 하는데 말이다.

공부를 미루고, 일을 미루다 보면 결국 인생의 큰일까지도 미룰 수 있다. 같은 일을 해도 어떤 이들은 야근을 하면서도 못 끝내는 반면, 어떤 사람들은 여유롭고 수월하게 마무리한다. 구글 관리자들은 야근이 오히려 비효율적이라며 야근을 권하지 않는다고 밝히기도 했다.

효과적으로 내 생활 관리하기

미루기 습관을 치료하려면 일상을 효과적으로 관리해야 한다. 이는 시간관리와 자원관리라는 두 가지 측면으로 구분해볼 수 있다.

시간관리
시간관리는 제한된 시간을 효과적으로 활용하는 방법이다. 모든 단계

에서 일상에 대한 기대를 만족시키기 위해 시간을 효과적으로 활용하여 각 단계의 일들을 완수해야 한다. 미루는 습관이 있다면 기존의 시간관리 모델을 확실하게 삭제하고 일의 중요성에 따라 다시 계획을 세워야 한다. 시간은 업무시간, 필수시간, 여가시간으로 나눌 수 있다.

대학생이라면 수업과 공부시간이 업무시간에 해당될 것이다. 필수시간은 식사하기, 잠자기, 교우관계 유지 등 삶의 질과 관련된 시간이고, 여가시간은 위에서 언급한 두 가지 시간을 제외하고 남은 탄력적인 운영이 가능한 시간이라고 볼 수 있다.

앞에서 설명한 원칙을 고려해 우리의 일과 휴식에 대해 다시 살펴볼 필요가 있다.

- 생활 속 시간계획표를 통해 계획을 적어보자.
- 계획표의 내용은 중요도에 따라 표시를 해둔다(다섯 등급으로 나눌 수 있다).
- 계획표 중 빈 시간에 할 수 있는 일들도 계획을 세워보자. 중요도 가 높은 일을 우선적으로 넣고 주요 시간을 이 일에 할애하자. 마지막으로 중요하지 않은 일을 삭제하자.
- 새로운 일정표가 생겼다.

자원관리

시간의 특징은 모든 사람에게 공평하다는 점이다. 하지만 자원은 다르다. 자원을 관리하는 이유는 한정적이고 소모적이며 같은 시간대에 우리가 소유하고 있는 자원이 다르므로, 자원을 낭비하는 것은 시간을 낭비하는 것과 같기 때문이다. 상대적으로 충분한 시간이 주어지지 않았더라도 효과적으로 자원을 활용한다면 제한된 시간을 더욱 잘 활용할 수 있다. 종종 우리는 미루는 것으로 자원관리를 소홀히 하기도 한다. 앞에서 설명한 시간관리 방법에 자원관리의 개념을 더한다면 우리는 삶을 더욱 효과적으로 관리할 수 있을 뿐만 아니라 미루는 습관도 근절할 수 있을 것이다.

- 새 계획표에는 일의 중요도에 따라 그 일을 위해 필요한 도구와 방법을 표시해두자.
- 도구와 방법에 필요한 비용을 고려해보자. 비용은 구체적인 비용과 추상적인 비용으로 구분하는데, 구체적인 비용은 시간, 돈을 의미하고 추상적인 비용은 인간관계를 의미한다. 이 비용과 더불어 회수 가능한 효익을 꼼꼼하게 따져보자.
- 중요도와 효익에 따라 계획표를 다시 정리해보자.
- 새로운 일정표를 적어보자.

별 게 다 고민인 사람들을 위한 심리학

07

휴대전화에 대한 집착, 멈출 수 있을까?

현대인에게 휴대전화는 이미 생활필수품이 되었다. 먹고 마시고, 투자하고, 게임하며 음악을 듣는 모든 일들이 휴대전화 없이는 더 이상 불가능해졌다. 휴대전화는 원래 우리의 삶의 질을 향상시키고자 개발되었으나 실상을 들여다보면 휴대전화로 인해 인간관계가 점점 느슨해지고 있다. 함께 밥을 먹으며 소소한 일상을 공유하는 대신 혼밥을 하며 휴대전화 화면만 주시한다. 이처럼 휴대전화를 사용하고자 하는 욕구는 우리의 일과 삶의 리듬을 심각하게 붕괴시키고 있다.

그럼 왜 이러한 상황이 벌어진 것일까? 휴대전화를 사용하면서도 휴대전화에 지배되지 않는 일상을 살 수는 없을까?

왜 휴대전화를 놓지 못하는 걸까

타이완의 왕즈훙 교수는 그 이유로 스마트폰이 만들어진 네트워크 환경의 네 가지 심리적 특성을 제시했다. 휴대전화에 집착함으로써 나타

는 폐해를 해결하기 위해서는 다음의 네 가지 특성에 대한 접근이 필요하다.

익명성

웨이보(중국 시나닷컴이 제공하는 마이크로 블로그 서비스-옮긴이)나 위챗(텐센트가 제공하는 모바일 인스턴트 메신저 서비스-옮긴이)을 이용할 때 개인정보 공개는 선택사항이다. 그러다 보니 비교적 안전한 상황에서 최대한의 표현을 하고, 최대한 진실하지 않은 나를 드러낼 수 있다. 실제와 거리를 두게 되는 익명성은 진실한 사회에서 갖춰야 할 책임감을 배제시키는 것과 같다. 평소에는 도덕적이고 예의 바르며 이미지 관리를 하느라 차마 하지 못했던 말을 인터넷상에서는 거리낌 없이 내뱉는 것이다.

가상성

가상의 인터넷 공간에서는 우리의 의지에 따라 현실세계에서는 불가능한 친목활동 참여가 가능하고 사회적인 역할을 할 수 있다. 그러다가 지나치게 가상세계에 몰입하면 현실과 구분하지 못하게 되고, 현실세계에서 이상을 실현하고 어려움을 극복하겠다는 동력을 상실한 채 가상세계가 주는 만족감에 도취된다.

편리성

편리성은 사용환경과 사용도구, 니즈 만족 이 세 가지로 나눠볼 수 있다. 스마트폰 앱 하나로 우리는 언제 어디서든 무언가를 얻을 수 있고, 타인이나 무리에게서 느끼는 불안감 등의 결핍을 해소할 수 있다.

탈출성

네트워크는 새로운 언어환경을 만들었고, 커뮤니티 앱들은 사람들의 생활방식을 바꿔놓았다. 휴대전화의 네트워크 인터페이스는 인터넷 커뮤니티의 독특한 문화를 만들었다. 휴대전화는 어떤 사람들에게는 생계를 확장할 수 있는 도구이고, 또 다른 사람들에게는 실제 생활보다 더 중요한 커뮤니티 생활을 제공하기도 한다.

휴대전화와 안전거리를 유지하고 나를 안아주자

휴대전화 집착증에 대해 우리는 다음의 방식으로 자신의 생활을 정돈해봄으로써 휴대전화 주인의 자리를 되찾을 수 있다.

휴대전화 없는 시간 만들기

예를 들어 오전 9시부터 12시까지는 각자가 해야 할 일에만 몰두하고 이 시간 동안은 휴대전화를 사용하지 않는 것이다. 예를 들어 일어나자마자 SNS를 훑어보는 습관이 있다면 우선 세수부터 하고 나서 휴대전화를 보도록 해보자.

이익 따져보기

한쪽에 휴대전화가 우리 삶에 미친 긍정적인 효과와 부정적인 영향을 구체적으로 써서 잘 보이는 곳에 붙여두고 자신이 왜 개선해야 하는지 스스로를 일깨우자. 다른 한쪽에는 휴대전화를 사용하지 않는 시간에 하고자 하는 생활목표를 적어 눈에 띄는 곳에 붙여두고 실천해야 할 이유와 의미를 각성하자. 예를 들어 식탁에 앉아서도 휴대전화를 보느라 아이와의 대화 기회를 놓쳤다면 그런 내용을 적어두어 스스로 반성하고 오늘은 퇴근 후에 아이와 함께 시간을 보낼 수 있도록 해보자.

다채로운 일상 개발

생활이 지나치게 단조로우면 사람들은 계속해서 익숙한 생활패턴을 유

휴대전화 없는 시간 만들기

이익 따져보기

다채로운 일상 개발

도움 청하기

지하려고 한다. 집과 사무실을 오가는 생활에서 벗어나 새로운 생활습관을 들이기란 쉽지 않다. 만약 인스턴트 음식 먹는 횟수를 줄이고 싶다면 그동안 먹어보지 않았던 음식에 도전하면서 더 많은 선택지를 마련해보자. 그렇게 한다면 인스턴트 음식이 첫 번째 선택 답안으로 떠오르지는 않을 것이다. 이밖에도 생활패턴을 확장하는 것은 새로운 인간관계를 열어가는 가능성도 포함한다.

도움 청하기

우리는 대부분의 시간을 혹로 싸워야 한다. 그러다 보니 너무 지치고 그 효과는 미미하다. 휴대전화는 마치 냉장고 속 달걀이나 빵집의 도넛이 우리를 부르듯 손에 쥐는 순간 큰 만족감을 준다. 믿을 수 있는 누군가, 한 사람이라도 좋으니 그와 함께 우리의 상황을 공유하고 적극적으로 도움을 청하자. 그와 함께 산책을 하거나 도움을 줄 수 있는 무리에 섞여 서로의 마음을 공유하며 공동의 노력을 기울여보자. 때로 혼자 해결하려 하면 할수록 더 많은 외로움이 밀려올 수 있으니 말이다.

※ 심리학 조언

휴대전화에 집착하는 현상은 사실 현대사회에서 느끼는 감정적인 결핍의 방증이다. 이 문제를 해결하려면 가상세계에 머무르지 말고 어서 현실세계로 돌아와야 한다. 현실세계에서도 감정적인 욕구를 충분히 해소할 수 있다면 휴대전화도 자연스럽게 내려놓을 수 있을 것이다.

08

사기당하지 않는
방법은 따로 있다?

흉흉한 세상임을 증명이라도 하듯 ATM기 앞에만 서도 보이스피싱 등 사기에 주의하라는 음성정보가 흘러나온다. 온라인 쇼핑을 할 때도 이러한 사기를 조심하라는 팝업 창이 뜨고, 뉴스에서도 수시로 사기범죄에 대한 소식이 전해진다. 이틀 전 동네에 새로운 공고가 붙었는데, 어르신들에게 건강식품 판매원을 조심할 것을 당부하는 내용이었다. 동네 어르신들을 모시고 여행을 시켜주며 효과를 알 수 없는 건강보조식품을 마구잡이로 판매하고 있는 것이 이유였다.

거짓말을 하는 것도 일종의 습관이다. 큰 피해를 주지 않는 경우도 있지만 더러는 남의 가정을 파탄내기도 한다. 거짓말하는 사람을 알아보고 탐지해 내는 능력은 한 사람의 인생에서 중요한 지표가 되기도 한다. 우리는 이런 사람을 '사람 볼 줄 안다'라고 하는데, 바로 사람의 진실한 품성을 알아보는 능력을 말한다.

사기에 대한 연구에는 '피노키오 증후군'이라는 말이 있다. 과학자들은 사람들이 거짓말을 할 때 안면부 혈액의 흐름은 감소하고, 코의 혈액흐름은 증가한다는 사실을 발견했다. 하지만 그렇다고 해서 날마다

장비를 가지고 다니며 거짓말을 측정할 수는 없는 노릇이지 않은가. 불신의 표현도 인간관계를 저해한다. 그렇다면 어떻게 해야 사기를 당하지 않을 수 있을까?

사기의 사다리, 정도가 다른 사기

가벼운 단계: 정보왜곡

미국의 대표적인 분석철학자 힐러리 퍼트넘(Hilary Putnam)은 '통 속의 뇌(Brain in a vat)'라는 가설을 제시했다. 만약 사람의 뇌를 영양공급이 가능한 배양통에 넣고 전기자극으로 다양한 자극을 준다면, 뇌는 자신에게 뇌만 남았고 얻은 정보는 모두 환각이라는 사실을 인지할 수 있을까? 이 가설은 수많은 심리학자들을 자극했고, 심지어 공상과학 영화의 소재로 활용되기도 했다.

가벼운 사기의 특징은 당신의 정보출처를 왜곡하는 것이다. 예를 들어 당신이 오늘 중고차를 한 대 구입했다고 하자. 중고차를 판매한 사람은 당신에게 가격이 저렴하고, 여성이 운전하기 좋으며 스타일이 좋다는 등의 장점을 알려주었다. 하지만 엔진고장으로 공장에 몇 차례 다녀왔으며 법원 담보차량이라는 단점은 일절 언급하지 않았다. 이것이 가벼운 사기의 특징이다.

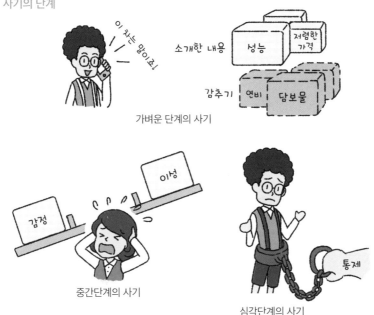

가벼운 단계의 사기

중간단계의 사기

심각단계의 사기

중간단계: 인지왜곡

중간단계의 사기는 당하는 사람을 감정의 노예로 만들고, 이성적인 사고를 할 수 없게 만든다. 감정은 사람과 사람 사이를 연결하는 기반으로 사기꾼은 이를 활용해 감정적 납치를 하는 것이다.

친밀한 관계에서 한쪽이 외도를 하면 다른 한쪽은 상처를 입기 마련이다. 그럴 때 외도를 한 사람은 여러 가지 말도 안 되는 변명을 하며 용서를 구한다. 바로 인지왜곡이라는 속임수를 통해 자신이 저지른 잘못의 합리화를 꾀하고 있는 것이다.

심각단계: 인격왜곡

가장 심각한 사기는 바로 생각을 통제하는 것이다. 가장 유명한 예가 바로 심리학자 필립 짐바르도(Philip Zimbardo)가 했던 '스탠퍼드 교도소 실험'이다. 일반 학생인 참여자들은 두 그룹으로 나뉘어 각각 교도관과 죄수의 역할을 맡았다. 결과적으로 학생들은 각각의 역할에 따른 심리적 변화를 겪으며 가상실험임에도 불구하고 진짜처럼 행동했다. 교도관 역할을 맡은 학생들은 죄수 역할의 학생들을 괴롭혔고, 하마터면 큰 사고가 발생할 뻔하기도 했다. 실험은 결국 실패했다.

일반적으로 사람들이 사기를 치는 이유는 대부분 이익을 위해서다. 하지만 심각단계의 사기는 사기당했다는 사실을 전혀 느끼지 못할 공산이 크다. 사기를 치는 사람 역시 자신이 사기를 치고 있다는 사실을 모르기 때문이다. 마치 법을 위반한 사람 가운데 고개를 숙이고 자신의 죄를 인정하는 사람이 있는 반면, 어떤 사람들은 죄를 인정하기는커녕 당당하게 자신은 단지 운이 나빴을 뿐이라고 말하는 것처럼 말이다.

사기꾼을 알아보는 법

사기꾼들의 노림수는 차고 넘치기 때문에 피하기 쉽지 않다. 하지만 최소한 집안이 모든 것을 잃는 상황은 피할 수 있어야 할 것이다. 그럼 사기당하지 않는 방법 몇 가지에 대해 이야기해보자.

자신의 욕망 직시하기

충분히 생각해보기

제삼자의 의견 듣기

자신의 욕망 직시하기

사기를 당하는 대개의 이유는 간절한 마음 때문이다. 가장 흔한 사기가 허위광고나 금융사기다. 금융사기의 경우 이성적으로는 말도 안 되는 비현실적인 수익률인 것을 알면서도 많은 사람이 수중에 돈을 긁어모아 투자를 한다. 더욱이 피해자 중 상당수가 나름 고학력에 동종업계의 경험도 있는 사람들이다. 도대체 왜 그런 걸까? 한마디로 마음속 탐욕을 누르지 못한 것이 이유다. 사기를 당하는 것은 결국 사기꾼의 속임수와 자기함정이 빚어낸 결과다.

충분히 생각해보기

독일의 심리학자 마크-안드레 레인하르트(Marc-André Reinhard)는 인간의 잠재의식 속에는 거짓말을 식별해 내는 능력이 있다고 했다. 그렇지만 짧은 시간 안에 이를 꿰뚫어볼 수 있는 확률은 운이 따라야 가능하므로 충분히 생각할 시간을 가져야만 거짓말을 구별해 낼 확률을 크게 높일 수 있다고 보았다.

제삼자의 의견 듣기

눈치 빠른 은행원이 사기꾼들의 수법을 눈치채고 사기당할 뻔한 어르신의 예금을 성공적으로 지켜냈다는 뉴스를 종종 접하게 된다. 어르신은 인지능력에는 아무 문제가 없었지만 사기꾼들의 속임수에 순간적으로 판단력이 흐려졌다. 하지만 제삼자는 냉정하고 객관적으로 사기극을 바라봤기에 어르신에게 도움을 줄 수 있었다.

※ 심리학 조언

한 번에 들통날 사기꾼이라면 진정한 사기꾼이 아닐 수도 있다. 이 세상에 단 한 사람만이 우리를 속일 수 있다. 바로 우리 자신이다. 이는 우리가 반드시 사기를 당해야 한다는 의미가 아니다. 사기를 당하는 이유를 통해 자신의 지나친 탐욕이나 잠재된 허점을 바로 바라봄으로써 인생관을 조율할 수 있다.

별 게 다 고민인 사람들을 위한 심리학

09

졸린데
잠들 수 없는 이유!

첸첸은 불면증에 시달리고 있다. 불면증은 첸첸의 생활을 엉망으로 만들었다. 밤새 뒤척인 날이면 낮에도 정신을 차릴 수가 없다. 그러다 보니 카페인이나 초콜릿과 같은 열량에 기대 피로와 싸우게 되고 결과적으로 체중이 늘었다. 체중이 늘자 마음가짐에도 영향을 미쳤고 식탐만 생기고 말았다. 사실 매일 저녁 첸첸은 일찍 자려고 노력한다. 하지만 일하며 받은 스트레스로 인해 매일 밤 잠들기 전에 야식을 먹으며 TV나 휴대전화 게임으로 스트레스를 푸는 게 습관이 되어버렸다. 취침시간이 다가올수록 이런 일들을 떨쳐내기가 어렵다. 불면증으로 인해 체력만 떨어진 것이 아니라 생활리듬까지 깨지고 말았다.

건강을 위한 삼중주, 한 가지만 부족해도 치명적이다

사람은 기계와 달라서 부속품 유지만으로는 정상적인 운영이 불가능하다. 건강은 뇌의 힘, 마음의 힘, 몸의 힘 이 세 가지로 구성된다.

건강한 사람이라면 이 세 가지의 에너지를 과도하게 사용하지 않고도 적절한 휴식을 취하고 에너지를 보충해 밸런스를 유지한다.

스탠퍼드대 심리학과 켈리 맥고니걸(Kelly McGonigal) 교수는 앞에서 말한 세 가지가 서로를 보완할 수 있다고 보았다. 이를테면 빨리 아이를 데리러 가야 하는 부모라면 집중력을 발휘해 서둘러 일을 마무리할 것이다. 눈 깜짝할 사이에 일어나는 이런 소모와 보충으로 우리의 생활은 정상적으로 유지되는 것이다. 하지만 이와 같이 동쪽 벽을 허물어 서쪽 벽을 쌓는 방법은 뇌와 몸의 에너지 소모량을 증가시켜 건강의 불균형을 초래할 수 있다.

이미 건강하지 않은 상태의 몸으로 조절마저 하지 못한다면 자신과의 싸움이 일어날 수 있다. 즉 몸은 본능적으로 에너지를 보충(수면)하려 하면서도 다른 부분의 에너지를 지속적으로 소모해 거짓된 건강(열량을 보충하고 TV를 보면 즐거워진다)을 유지하려고 하는 것이다. 그러다 결국에는 건강이 망가지는 막다른 골목으로 향하고 마는 것이다.

뇌, 마음, 몸 세 가지 힘을 활용해 꿀잠 자자

우리의 뇌는 수면에 필요한 준비를 이해할 수 있다. 그래서 잠자리에 들기 전에 충분히 이 부분의 준비를 해야 한다. 예를 들어 잠자리에 들기 전 한 시간 동안은 휴대전화, 컴퓨터를 멀리해 자극을 줄인다. 무언가를 먹거나 마셔서도 안 된다. 물을 마시면 화장실에 가고 싶어질 것이고 과한 포만감은 수면을 방해한다.

하지만 체력이 떨어지면 우리 뇌는 더 이상 명확한 판단을 할 수가 없다. 사고능력이 크게 저하되어 욕구 앞에서 쉽게 무너지면서 눈앞의 욕망을 채우고 수면에 영향을 주는 행동을 서슴지 않는다. 울적한 마음은 뇌와 몸에 영향을 미친다. 과거 불면증에 대한 가장 큰 오해 가운데 하나가 지나치게 왕성한 체력이 불면증을 가져온다는 말이었다. 사실

| 꿀잠을 위한 삼중주

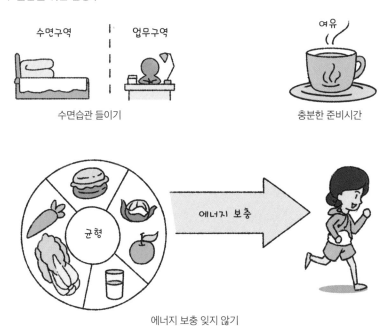

수면습관 들이기

충분한 준비시간

에너지 보충 잊지 않기

은 몸, 마음 그리고 뇌의 불균형으로 인한 결과인데 말이다. 다시 말해 불면증을 이기는 것은 건강해지는 것과 같은 말이다. 구체적인 방법을 실천에 옮긴다면 스스로 습관을 기를 수 있을 것이다.

뇌의 힘: 수면습관 들이기

뇌의 역할은 시간과 공간에 대한 계획을 세우는 것이다. 뇌를 쉬게 하고 싶다면 습관적 모델을 만들어 뇌의 소모를 줄여야 한다. 그래서 우리는 수면구역과 업무구역을 명확히 구분해볼 필요가 있다.

침대는 잠을 자는 공간이다. 침대에서 수면 이외의 다른 활동은 하지 말자. 뇌를 써야 할 일이라면 침대까지 끌어들이지 말자. 휴대전화 역시 업무공간에 두어야 하며 책 또한 침대 머리맡에 두지 않는 것이 최선이다.

마음의 힘: 충분한 준비시간

모리타 요법의 창시자인 모리타 쇼마(Morita Shoma)는 "불면증을 두려워하는 것이 불면증보다 더 두렵다"라고 말했다. 두려움이란 심리적으로 피로를 느끼는 상황이다. 우리가 잠들기 위해 지나치게 애쓴다면 오히려 걱정이 생겨 심리적으로 더 큰 압박을 받는다. 기차가 도착할 시간이 다 되었는데 갑자기 화장실에 가고 싶다거나, 조급해진 마음 때문에 오히려 더 해결하지 못하는 것처럼 말이다. 마음이 조급해지면 우리의 판단력은 쉽게 흐려지고 이는 수면에 방해가 된다. 따라서 스스로 안정을 위해 좀 더 여유로운 준비시간을 갖자.

한 가지 주의해야 할 점은 여유로운 준비시간을 가지라는 것이 잠자리에 들기 한두 시간 전에 처리했어야 할 일을 잠들기 30분 전까지 미루라는 의미가 아니다. 이렇게 미뤄둔 일들은 우리에게 또 다른 걱정을 안겨줄 뿐이다.

몸의 힘(체력): 에너지 보충 잊지 않기

평소 음식을 골고루 섭취하고 운동하는 습관은 피로에 의한 수면의 양을 늘리기 위한 것이 아니다. 충분한 체력으로 몸의 에너지 활용의 불균형을 막고, 위기에 과민 반응하여 체내에 저장된 에너지가 쓰이지 않도록 하기 위함이다.

앞에서 설명한 수면습관에 대한 방법과 여유 외에도 많이 자는 것보다 숙면을 취하도록 노력해야 한다. 주말을 이용해 평소 부족했던 잠을 보충하는 것은 당연히 필요하다. 하지만 연구결과에 따르면 평상시 6시간의 수면을 하는 사람이 보충을 위해 평소 수면시간보다 2시간 이상 더 자는 것은 오히려 역효과를 불러올 수 있다. 평균 수면시간을 초과할 경우 잘수록 더 피곤해지고, 에너지를 보충하는 것이 아니라 소모하게 되는 불면증의 악순환에 빠지게 된다고 밝혔다.

직장 내에서의 고민,
심리학으로 타파!

우리는 삶의 대부분의 시간을 일하면서 보내는 만큼
직장과 관련된 고민은 피할 수 없다.
동료, 상사 또는 부하직원과
함께한다는 것은 결코 쉬운 일이 아니다.
이런 복잡하고 다양한 관계 속에 끼인 채 살고 있는 우리는
어떻게 해야 이러한 고민을 해소할 수 있을까?
이번 장에서 바로 그 해법을 찾아보자.

01 상사와 의견이 다르다면?

마오린은 어릴 때부터 늘 1등을 도맡아 했다. 맡은 일은 언제나 성실히 해냈고 불합리한 상황을 보면 시시비비를 따지며 완벽주의 인상을 심어주었다. 사람들은 마오린이라면 당연히 탄탄대로를 걸을 줄 알았다. 반면 샨샨은 어릴 적부터 평범했다. 특별히 탁월하지도 그렇다고 뒤처지지도 않았다. 학교에서나 회사에서나 무슨 행사가 있어도 샨샨이 앞장서서 무언가를 하는 일은 드물었다. 항상 한 발짝 물러서 있을 뿐이었다. 샨샨 스스로도 자신은 큰 성공을 거두진 못하겠지만 나름대로 갈등 없이 안정적으로 살고 있다고 생각했다.

마오린과 샨샨은 나란히 취업을 했고 두 사람 모두 회사에서 큰 좌절감을 맛보았다. 마오린은 몇 차례 회의에서 상사의 부족한 점을 보완해가며 일했지만 점점 상사에게 외면당하기 시작했다. 샨샨은 스스로 자기보호를 잘하고 있다고 여겼지만 모두가 각자의 의견을 제시할 때 침묵을 지킨 대가로 권리와 이득을 희생해야 했다. 그럼 상사와 의견이 다르거나 상사의 부족한 점을 발견했을 때 우린 어떤 태도를 취해야 직장에서 성공할 수 있는 것일까?

직장 내 사회생활의 오류

만약 상사의 잘잘못에만 연연해한다면 우리는 영원히 직장 내 사회생활의 본질을 파악할 수 없을 것이다. 따라서 흔히 볼 수 있는 사회생활의 오류에 대해 먼저 이해할 필요가 있다.

논리가 감정보다 중요하다는 착각

미국의 심리학자 존 서머스-플래너건(John Sommers-Flanagan)은 자신의 책 《임상 인터뷰(Clinical Interviewing)》에서 사람과 사람 사이의 관계는 정으로 맺어진다고 했다.

| 직장 내 사회생활의 오류

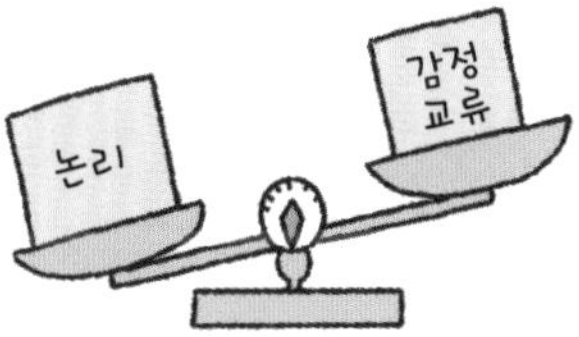

논리가 감정보다 중요하다는 착각

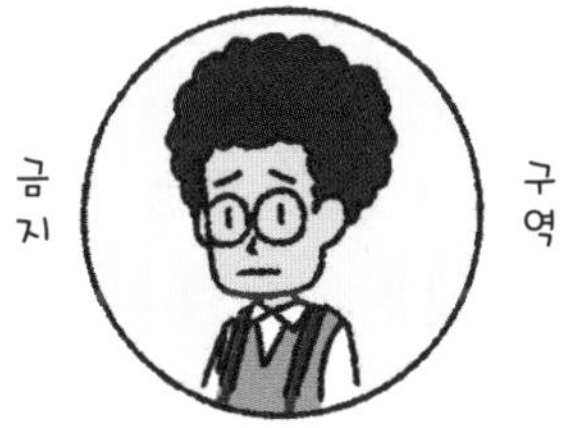

외부에 대한 관찰 부족

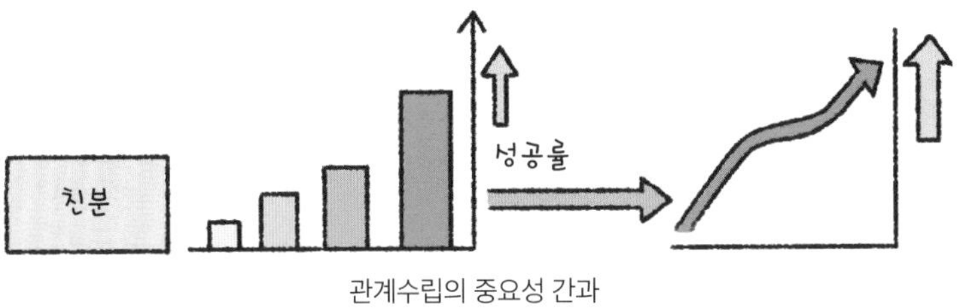

관계수립의 중요성 간과

대부분의 경우 회의할 때 이성적인 부분에만 무게를 두고 상대방에게 필요한 것은 이성적인 분석이라고 오해한다. 하지만 상대방은 오히려 마음속 깊은 곳에서 우러나는 따뜻한 응원이나 경청, 혹은 동의를 뜻하는 가벼운 포옹을 더 필요로 할지도 모른다.

외부에 대한 관찰 부족

'자아감각 양호'라는 말이 있다. 이러한 감각이 올바르게 발전한다면 건강한 자기애로 발전할 수 있다. 이런 자기애는 자신감을 부여해 우리가 무언가를 당당하게 할 수 있는 뒷받침이 된다.

하지만 이런 감각이 지나치게 맹목적인 형태로 나타나면 외부환경에 대한 판단능력을 상실하고, 상상력을 활용해 자기만의 생각을 고집하게 된다. 자신의 생각이 옳다고 여기면서 현실을 돌아보지 않다 보니 주변 사람들과 자주 마찰을 빚게 된다.

사실 옳고 그름이란 상대적인 만큼 어떤 부분에서 누군가의 잘못을 지적했더라도 다른 관점에서 살펴보면 사실 아무런 문제가 되지 않을 수도 있다. 외부에 대한 관찰에 필요한 것은 충분한 경청이지, 강력한 자기의견이 아니다.

따라서 흔히 볼 수 있는 사회생활의 두 번째 오류는 때로 자신을 표현할 때 청중의 존재를 잊는다는 점이다. 예를 들어 회의에서 결정을 내릴 상사는 주요 청중이다. 발표자로서 우리는 자신을 드러냄과 동시에 청중의 반응을 살펴야 한다. 외부에 대한 세심한 관찰력으로 청중의 마음을 열어야지 자화자찬만 해서는 안 된다.

관계수립의 중요성 간과

영화 속 주인공들을 보면 인생의 십중팔구는 시련으로만 가득하다. 그리고 마지막에 기적 같은 성공을 이룬다. 하지만 현실의 사회생활은 그렇지 않다.

관계란 오랜 시간 지속되는데 직장 내 인간관계도 마찬가지다. 만약 평소 소통에 문제가 있다면 기본적으로 정서적인 상호작용이 잘 이루어지지 못해서일 것이다.

우리는 업무상의 필요로 타인과 협력할 때 비로소 자신과 상대방의 관계가 매우 냉랭하고 유연함이라고는 찾아볼 수 없다는 사실을 발견하곤 한다.

ⓘ

상사가 납득할만한 설득의 기술

미국의 심리학자 로버트 치알디니(Robert B. Cialdini)는 남들과 대립하는 의견이지만 반드시 제시해야 할 때 사회생활의 오류를 뛰어넘어 의견을 자유롭게 개진할 수 있는 여섯 가지 방법을 제시했다. 다음에서 그 여섯 가지 방법을 살펴보자.

상호성의 법칙

설사 다른 사람들과 의견이 다르더라도 제시한 의견이 서로에게 이득이 된다면 상대방이 받아들일 가능성이 높다.

일관성의 법칙

공개적으로 한 약속은 개인적으로 한 약속보다 깨트리기 쉽지 않다.

사회적 증거의 법칙

우리 중 한 사람이 리더와 대립한다면 눈엣가시로 전락하기 쉽다. 하지만 리더가 큰 실수를 저질렀을 때 모두가 함께 입을 모은다면, 리더 스스로 자신의 문제를 돌아보고 부하직원들의 의견을 받아들일 것이다.

권위의 법칙

우리는 자신보다 경력이 적은 사람이 자신보다 더 지혜롭다는 사실을 받아들이기 어려워한다. 하지만 전문가나 학자 혹은 핵심적인 소수의 의견은 쉽게 받아들인다.

호감의 법칙

사랑받는 부하직원이 된다면 상사는 당신의 조심스러운 충언을 기꺼이 받아들일 것이다.

별 게 다 고민인 사람들을 위한 심리학

희귀성의 법칙

우리의 제안이 '지금 하지 않으면 영영 기회가 없다'는 것을 상사가 의식하게 하라. 그렇게 한다면 상실을 두려워하는 심리로 인해 상사는 더 쉽게 의견을 받아들일 것이다.

늘 옳기만 한 사람은 없다. 그럼에도 불구하고 종종 우리는 자신을 포함한 소수만 똑똑하고, 나머지는 어리석다고 생각한다. 다른 사람에게 의견을 제시할 때는 반드시 자신의 위치를 분명히 해야 한다. 사람 됨됨이도 업무능력만큼 중요하다는 사실을 기억하자.

02

직원과 팀의 의지를
고취시키는 방법

윌리엄은 첫 출근 날을 기억한다. 상사는 그에게 데일 카네기의《인간
관계론》을 건네며 '마음에 힘을 주는 닭고기 수프' 강연에 대해 말했다.
하루는 점심시간에 식당에서 동료들과 대화를 나누던 윌리엄을 본 리
더는 이렇게 말했다. "자투리 시간을 유연하게 활용한다면 완전한 시간
이 될 수 있습니다." 또 금요일에 모두가 늦게까지 야근하느라 본래 계
획했던 일들이 취소되면 대다수 사람들은 윌리엄처럼 얼른 집에 가서
쉬고 싶은 마음뿐일 것이다. 그런 날 늦은 밤 리더는 메시지를 보낸다.
"오늘을 열심히 사세요. 다신 오지 않습니다."

리더는 자신의 이런 행동이 팀원들의 업무 열정을 고취시키는 데 조
금도 도움이 되지 않을 뿐더러 도리어 사기만 떨어트리고 있다는 사실
을 모르는 듯했다. 우선은 모두가 그의 말을 이해하지 못했고, 설사 이
해했더라도 실용적인 도움이 아니라고 여겼다. 윌리엄은 오히려 저렇
게 오랜 시간 리더의 자리에 앉아 있으면서도 직원들의 사기를 진작시
키는 방법조차 모르는 것이 더 이해가 되지 않았다.

무슨 일이든 원동력은 필요하다

사람들은 사기 혹은 투지라는 단어로 일하는 데 필요한 내적 원동력을 표현한다.

내적 원동력에 상대되는 개념으로는 외적 원동력이 있다. 예를 들어 오늘 우리는 즐거움을 위해 공부했다. 그럼 우리의 내적 원동력이 스스로 공부하게 만든 것이다. 선생님의 칭찬을 받기 위해 성실히 공부했다면 이는 자신을 위해서가 아니라 선생님의 칭찬이라는 외부의 인정을 받기 위해서인 것이다. 그래서 내적 원동력에 의한 행동은 외적 원동력에 의한 행동보다 더욱 몰입도가 높고 포기할 확률도 적다.

리더들은 직원들의 사기를 진작시키고 싶어 하지만 실제로는 외적인 요인을 통해 내적 원동력을 불러일으키곤 한다. 이것은 카네기와 같이 성공한 인물이 1인칭으로 모든 사람에게 커다란 영향을 미친 것처럼, 리더들이 마치 자신이 그런 대단한 인사가 된 듯 성공을 거두고 싶어 하는 까닭이다. 하지만 이러한 효과는 제한적이어서 직원들의 사기를 진작시키기 어렵다. 이를 위해서는 직원들이 앞을 향해 나아가도록 격려함과 동시에 직원들과 마음의 거리를 좁히는 방식으로 직원들이 성공을 위한 대가를 받아들일 수 있도록 해야 한다.

직원들의 인지심리 자극

오랜 기간 인지심리를 연구한 미국의 컨설턴트이자 교육자인 빅토르 립먼(Victor Lipman)은 직원들의 사기를 진작시키기 위한 방법으로 일곱 가지를 제시했다. 요약하면 다음의 세 가지 측면으로 나눠볼 수 있다.

직원 개개인의 최대 역량 발휘하도록 하기

저마다의 능력을 가진 직원들을 위해 합리적인 동기부여와 평가기준을 마련하여 직원들에게 자극을 주어야 한다. 효과가 나타나지 않는다면 그 방식이 일부 직원에게만 적합했거나 직원들 사이의 차이를 고려하지 않은 까닭이다.

　또한 직원들에게 충분히 협조해야 한다. 직원들이 도움을 청할 때 관리자는 직원들 각각의 상황을 고려해 협조해야 한다. 이렇게 한다면 관리자에 대한 직원들의 신뢰와 충성도는 자연히 높아질 수밖에 없다.

상호 존중하며 원활하게 소통하기

모든 직원들을 존중해야 한다. 존중은 인간관계의 가장 기본이며 올바른 상호작용이다. 존중은 전체 직원들을 대할 때는 물론이고 개별적으로 대할 때 더더욱 갖춰야 할 태도다. 직급이 다른 동료와 상급자 모두를 존중할 줄 아는 리더만이 추진하고자 하는 일에 대한 직원들의 공감을 끌어낼 수 있다.

최대 역량 발휘하도록 하기

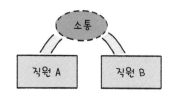

상호 존중하며 원활하게 소통하기

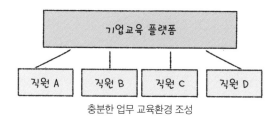

충분한 업무 교육환경 조성

진심으로 마음을 나누자. 물질적인 것보다 마음에서 우러나오는 진심으로 직원들과 소통하며 정신적인 지원을 아끼지 않는다면 업무에 대한 직원들의 열정에 불을 지필 수 있을 것이다.

충분한 업무 교육환경을 조성해 동반성장 실현하기

직원들에게 의미 있는 피드백을 주자. 평소 직원들의 퍼포먼스에 대한 피드백을 주어야 한다. 특히 직원들이 자발적이고 적극적으로 의견을 내놓았다면 관리자는 그에 대해 두루뭉술한 피드백을 해서는 안 된다. 설사 호평이더라도 구체적이지 않다면 직원의 발전을 이끌어낼 수 없다, 반대로 꼼꼼한 피드백으로 더 배워야 할 점과 개선해야 할 점을 지적해준다면 직원들은 그 과정을 통해 배움을 얻고 스스로의 목적을 달성하기 위해 열정을 유지해나갈 수 있다.

회사의 모든 직원이 충분한 교육을 받을 수 있는 환경을 조성해야 한다. 관리자는 직원들의 사기를 진작시키기 전에 먼저 평상시 직원들에게 교육이 충분했는지 확인할 필요가 있다. 특히 산업동향이 빠르게 변화하는 현대사회에서 직원교육이 제때 이루어지지 않는다면 직원들은 능력을 발휘할 수도 없고 일을 해낼 수도 없다. 심리적인 자극만으로 직원들의 업무처리능력을 향상시키기에는 무리가 있다. 더 애매한 상황은 교육의 불평등으로 일부만 교육을 받고 나머지는 제외되는 경우다. 이는 직원들의 사기를 크게 떨어트릴 수밖에 없다.

회사와 리더는 팀워크를 길러주어야 한다. 직원들 스스로 자신이 팀의 일부라고 인정해야만 팀을 위해 더 많은 에너지를 쏟을 수 있다. 리더의 능력이 아무리 뛰어나도 팀원들이 소외감을 느낀다면 팀워크가 떨어지는 것은 물론이고 직원들의 열정도 사그라들 것이다.

> ※ 심리학 조언
>
> 인지심리학의 관점에서 관리의 예술은 모든 사람의 인성을 살피는 데 있다. 인성이란 업무계급에 따라 달라지지 않는다. 성공적인 관리는 상호 존중에서 시작되며, 모든 사람은 공평하고 서로 마음이 맞는 팀에서 비로소 자신이 하는 일에 대한 의미를 찾을 수 있다.

별 게 다 고민인 사람들을 위한 심리학

03

표정관리로 갈등을
줄일 수 있다?

"계약서에 도장 날인했나요?" 라오쟝이 회의실에 들어서며 빔프로젝트를 손보던 비서에게 말했다. "네, 곧 처리하겠습니다." 원래 그에게 매우 친절한 비서였지만 오늘은 고개를 숙인 채 재빠르게 라오쟝의 옆을 지나가며 라오쟝의 마음을 언짢게 했다.

회의에서 라오쟝은 원래 참석자들의 의견을 듣고 싶었지만 회의실 분위기는 좋지 않았고, 아무도 의견을 내려고 하지 않았다. 심지어 그와 눈을 마주치는 것도 꺼려 하는 기색이었다. 하루의 피곤함과 불쾌함을 고스란히 안고 집에 돌아온 라오쟝은 부인에게 한숨 섞인 목소리로 말했다. "오늘은 도무지 어떻게 해야 할지 모르겠더군. 모두가 나를 멀리하는 기분이야." 부인은 거울을 가져다주며 말했다. "당신 오늘 하루 종일 이 표정이었던 거예요?" 라오쟝은 거울을 보고 깜짝 놀랐다. 미간을 찌푸린 고약한 모습은 어느 누구도 가까이 다가올 수 없게 하는 표정이었다.

표정관리의 메커니즘

표정은 감정을 표현하는 방식이다. 표정을 통해서 우리는 누군가의 희로애락을 알 수 있다. 따라서 표정에 담긴 것은 사람과 사람 사이의 '감정의 소통'이다. 이 소리 없는 표정으로 인간관계를 맺기도 한다.

갓 태어난 생명에게 표정의 기능은 생존과 긴밀하게 연결된다. 예를 들어 부모들은 아이의 표정을 살피며 아이의 상태를 파악한다. 그러니 정확한 말을 할 수 없는 아기의 입장에서 표정은 그와 엄마, 주변 세상과의 소통을 돕는 방법이다. 이런 소통은 스스로 자기방어를 하거나 음식을 먹을 수 없는 상황의 아이에게는 생존이 걸린 매우 중요한 문제다. 그런 이유에서 상대의 말과 표정을 살펴보고 파악하는 것은 매우 유용하고 중요한 생존기술이라고 볼 수 있다.

사람은 얼굴 근육의 사용이 제한적이기 때문에 표정을 드러내는 데에는 주로 두 부위가 활용된다. 이 두 부위는 코를 경계로 나뉘며, 눈구역과 입 구역으로 구분된다. 만약 얼굴 표정을 통제하고 싶다면 이 두 부위에 집중하면 될 것이다.

대다수의 사람들은 표정을 보고 비교적 정확한 판단을 할 수 있지만 그 대상은 가장 보편적이고 기본적인 감정반응에 국한된다. 다음에 나오는 내용은 보편적인 얼굴 표정에 대한 설명이다. 모두 일곱 가지로 이를 통해 다른 사람의 표정을 읽을 수 있으며, 이런 표정의 핵심을 모방하여 좀 더 분명하게 마음속 감정을 드러낼 수 있다.

분노

눈이 튀어나오고 눈썹과 눈 사이의 근육이 긴장된다. 콧구멍이 확장되고 입 주위가 아래로 내려가며, 입술 근육이 긴장되고 아래턱이 돌출한다.

경멸

자주 보이는 특징으로는 입가가 위로 올라간다.

혐오

눈썹을 따라 미간이 찌푸려지고, 눈 위의 얼굴과 아래의 근육이 양방향으로 이동한다. 윗입술이 올라가고 이를 악물게 되며, 코 주변의 볼에도 주름이 생긴다.

공포

미간은 평탄해지지만 위의 얼굴은 올라가고, 하관은 긴장상태를 보인다. 입술은 경직되고 입술과 콧구멍이 미세하게 커지는 것을 관찰할 수 있다.

기쁨

진정한 기쁨은 입술과 눈의 근육에 동시 경련이 일어난다. 가짜 웃음은 입술 근육만 움직이지만, 눈 부위의 근육은 경직되어 있다.

슬픔

눈가 주위에 삼각형이 나타나고, 입가는 아래로 내려가서 눈물이 흐르기도 한다. 일반적으로 억지로 지어내기가 가장 어려운 표정이다. 하지만 훈련을 통해서는 충분히 해낼 수 있다.

놀라움

눈가가 사방으로 확장되고 입술도 벌어진다.

표정관리법

감정 사이를 연결하는 방법을 포함한 표정관리의 원리를 알았다면 다음과 같은 방식으로 자신의 표정을 관리해보자.

표정을 자유롭게 하고 싶다

일곱 가지 얼굴 표정을 연습한다. 체계적인 표현과정이나 심리교육 훈련을 해볼 수도 있고, 집에서 거울을 보며 훈련할 수도 있다. 일곱 가지 표정의 사진이나 그림을 참조해서 오랜 시간 연습해보고 그 성과를 일상생활에 응용해보자. 그리고 사람들의 반응이 당신이 생각하는 것만큼인지도 살펴보자. 만약 오해를 사는 것이 걱정스럽다면 영상이나 사진을 찍으며 표정을 연습하는 것도 좋다.

| 표정관리법

공연이나 심리수업에 참여한다.

명상이나 휴식을 취하며 여유를 갖는 연습을 한다.

장시간 내·외적으로 균형감을 유지하고 싶다

명상을 하거나 앉아서 휴식을 취하는 등 여유를 갖는 연습을 해보자. 이런 연습은 정서적인 긴장이나 자극적인 상황에서 요동치는 마음을 조절하여 얼굴 표정을 편안하게 해줄 수 있다.

앞에서 언급한 두 가지 방법을 통해 얼굴에 감정을 숨기거나 덜 드러나게 하는 것보다 평소 심리적인 안정감을 유지할 수 있다면 굳이 시시때때로 자신의 표정을 신경 써가며 불필요한 오해를 살 필요가 없다.

☆ 심리학 조언

표정은 마음의 거울이다. 사회생활에 영향을 주지 않고 표정관리를 하는 최선의 방법은 오랜 기간 수양을 해야 얻을 수 있다. 그러나 세상을 향해 열린 마음만 있다면 긍정적인 사회생활이 가능할 것이다.

별 게 다 고민인 사람들을 위한 심리학

04

무능하고 무지한 상사와 공존하는 법

모든 불만을 돈으로 바꿀 수 있다면 아마 모두 부자가 될 것이다. 업무 중에 느끼는 불만 가운데 하나는 대다수 사람들이 쉽게 공감할만한 것이다. 바로 상사에 대한 불만이다. 설사 지금의 상사에게 불만이 없더라도 직장생활을 하다 보면 언젠가는 불만을 증폭시키는 상사를 만나게 될 것이다.

미국의 신문 연재 만화 〈딜버트(Dilbert)〉 속에서처럼 상사는 늘 어리숙하고 무능하기만 하다. 하지만 그럼에도 불구하고 부하직원들은 갖은 노력을 기울여 그에게 아첨한다. 왜 부하직원들의 눈에는 상사들이 늘 무지하고 무능한 잔소리꾼으로만 보이는 것일까?

<hr>

좋은 상사와 나쁜 상사

직장 내 인간관계로 인한 스트레스가 업무 자체에서 느끼는 스트레스보다 이직을 하는 데 더 큰 역할을 하기도 한다. 직장 내 인간관계는 동료 외에 상사 또는 부하직원과의 관계도 포함된다. 두 사람 사이에 갈등이 시작되면 일처리 능력이 떨어지는 것은 말할 것도 없고 전체적인 삶에도 영향을 미치게 된다.

일반적으로 다음의 세 가지 부분이 리더에 대한 부하직원의 평가에 영향을 준다.

부하직원을 존중하는가

소위 존중한다는 것은 자신다울 수 있도록 해주는 것이다. 상사의 지적은 부하직원의 업무처리에 영향을 주고 업무에 반영되기도 한다. 하지만 사적인 부분에 관여하려 한다면 부하직원의 반감을 살 수 있다.

・ 공정한가

직장에서 공정이란 단어는 두 가지 의미를 내포한다. 하나는 자원분배의 공정함이고, 다른 하나는 인적 관리의 공정함이다. 이 두 부분이 부하직원의 마음을 건드릴 수 있다. 예를 들어 사무실 내 컴퓨터를 전면적으로 교체하면서 유일하게 당신 것만 제외시켰다면 언짢을 수밖에 없다. 또 인적 관리 부분에서는 누군가 지각을 했는데도 별일 없다는 듯 넘어가는 것이다. 알고 보니 팀장과의 관계가 우호적이다. 업무실적은 크게 두드러지지 않은데 상사와의 관계가 유독 좋다면 충분히 다른 직원들의 불만을 살만한 일이 될 것이다.

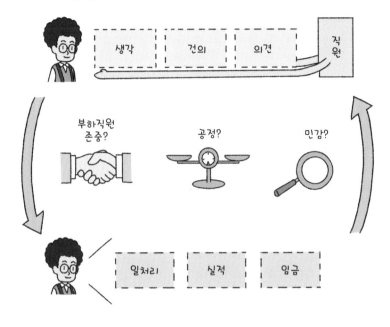

충분히 민감한가

다른 관계와 달리 부하직원의 퍼포먼스를 상사가 정확히 살펴보았느냐는 상사에 대한 부하직원의 평가를 좌우한다. 최선의 노력을 다해 가까스로 업무실적을 대폭 올려놓았음에도 불구하고 상사가 알아차리지 못한다면 부하직원의 적극적인 마인드는 상처 입을 수밖에 없다.

위에서 설명한 일들이 충분히 세심하게 다루어지지 않는다면 부하직원은 상사를 나쁜 상사로 몰아갈 것이다. 앞의 분류만으로 상사와 부하직원 간의 상황을 완벽하게 설명할 수는 없지만, 때로 부하직원의 주관적인 견해가 업무성과나 회사의 실적에 영향을 주기도 한다.

싫은 상사와 공존하는 법 ①

일은 계속 해야 하고 쉽게 자리를 옮길 수도 없어 눈앞의 상사와 마주해야 한다면 우리는 다음의 방법들을 시도해볼 수 있다.

상호 존중하며 선 넘지 않기

존중의 첫 단계는 문화의 차이를 이해하는 것이다. 따라서 평소 분명한 선을 그어두어야 한다. 상사는 상사일 뿐이다.

회사가 잘 경영되고 있을 때라면 상사는 크게 지적하지 않을 것이다. 하지만 회사 운영이 어려운 상황에서 부하직원의 실적이 저조하다면 상사는 자신에게 주어진 권력을 동원해 그에 합당한 책임을 물으려 할 것이다.

상사에게 이해관계 알리기

만약 상사가 불공정한 대우를 한다면 회사 내부적으로 규정한 절차에 따라 고발조치를 할 수 있다. 하지만 이는 상책이 아니다. 결국 인간관계의 공존은 유연성과 협상의 공간을 비워두어야 한다.

상호 존중하며 선 넘지 않기

이해관계 알리기

감정관리

실상 이직은 어려움

　　우리는 우선 상사가 불공정한 대우를 하는 원인부터 파악해야 한다. 만약 상사와 다른 사람 사이에 사적인 감정이 작용하고 있다면 화를 내기에 앞서 이로 인해 자신이 실제로 손해를 본 부분이 있는지 따져보자. 만약 감정에만 국한된 불공정한 대우일 뿐 실제로 손해를 끼친 게 없다면 인간관계에 선을 그을 수 있는 기회로 삼고 불필요한 기대는 더이상 하지 말자. 만약 손해가 받아들일 수 있는 기준을 넘어섰다면 과연 참을 만한 가치가 있는 일인지 고민해보자. 여러 사람의 힘을 모아 상사가 불공정한 대우로 해당 직원에게 끼친 손해를 알 수 있도록 하고 상사 스스로 방법을 바꿀 수 있도록 해야 한다.

감정관리법을 배워서 갈등의 심화 막기

감정에 치우친다면 부하직원에게 더 큰 업무 스트레스를 줄 수 있다. 양측은 업무상 불평등한 관계다. 그래서 어떤 상사는 직권을 남용하여 부하직원에게 업무 스트레스를 분출하며 부하직원을 비난한다. 하지만 부하직원은 감히 상사에게 반항할 수가 없다. 그러므로 직원들은 이러한 상사 앞에서나 일상에서 받는 스트레스를 풀 수 있도록 하고, 다른 한편으로는 사내 심리관련 교육과정 개설을 건의해 전사적으로 이 부분의 지식과 기술을 숙지할 수 있는 기회가 마련되도록 해야 한다.

이밖에도 자신의 권익을 포기해서는 안 된다. 만약 상사의 태도가 지나치면 함께 정당한 방법으로 그 증거들을 모아 목소리를 낸다. 그렇게 해야 우리의 노동권익을 보장받을 수 있다.

이직하기

비록 불가피한 방법이긴 하지만 때론 최선의 방법일 수 있다.

※ 심리학 조언

직장은 사회의 축소판이다. 모두가 만족할 수 없고, 어떤 사람을 만날지 결정할 수도 없다. 우리도 언젠가는 누군가의 상사가 되어 있을 것이다. 적어도 우리는 좋은 상사가 갖춰야 할 사항들을 챙겨두어, 부하직원이 즐겁게 일하며 더 좋은 업무실적을 내고, 나아가 모든 직원들의 행복지수가 올라가는 환경을 만들어보자.

05

회의실에서
주도권을 잡는 법

안안은 상품매니저다. 그는 엔지니어들과 종종 제품을 위한 회의를 하곤 하는데 한 번씩 갈등이 빚어지는 일을 겪게 된다. 안안의 상사는 판매실적을 중시하는 반면 엔지니어는 제품의 기능을 중시했다. 최근 제품에 안전성 문제가 불거지자 양측은 대표 앞에서 책임 미루기에 열을 올렸다. 안안은 회의실로 들어서면서부터 설전을 벌이며 자신의 편이 이득을 보길 바랐다. 하지만 안안 역시 구체적으로 어떻게 하는 것이 팀을 위한 일인지 알 수 없었다. 이런 상황에서 안안은 어떻게 하면 회의에서 주도권을 잡아 자신의 팀에 도움이 될 수 있을까?

ⓘ

주도권이란

주도권이란 전체 효익(效益)을 최대한으로 이끄는 추진력이다. 회의에서의 주도권은 완벽을 목적으로 전체 효익의 최대화를 이룰 수 있도록 하는 권력이다. 회의를 하는 목적은 네가 이기면 내가 지는 제로섬 게

임이 아니라, 전체 공동의 이익을 어떻게 증진하느냐를 고민하는 것에 있다.

주도권으로 모든 것을 다 장악할 필요는 없다. 혼자서 모든 것을 도 맡아 하다 보면 자신의 에너지는 과하게 소모되고, 다른 한편으로 업무 량이나 결정권을 빼앗긴 참여자들의 참여도는 떨어진다. 결과적으로 한 사람이 모든 걸 장악하고 모두가 그의 말을 듣는 것 같지만 사실은 어느 누구도 그의 말에 귀 기울이지 않을 뿐 아니라 회의를 통해 더 효 과적인 이익창출을 위한 대책을 모색할 의지조차 없다. 따라서 모든 사 람이 누군가의 주도 아래 편안한 마음으로 최대한 장점을 발휘한다면

| 주도권이란

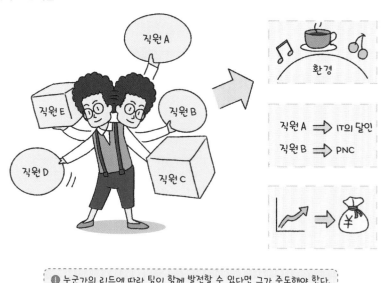

❗ 누군가의 리드에 따라 팀이 함께 발전할 수 있다면 그가 주도해야 한다.

별 게 다 고민인 사람들을 위한 심리학

업무성과는 더 좋아질 것이고, 그로 인해 더 높은 보수를 받게 된다면 자연스레 그 사람에게 주도권이 주어지게 될 것이다.

주도권을 잡으려는 이유

언제 어디서나 다양한 의견교환이 가능한 회의가 진행되는 것은 아니다. 어떤 교류는 수다를 떨듯 특별한 목적이 없고, 어떤 교류는 회의처럼 명쾌하게 목적달성을 필요로 한다.

　업무회의는 기본적으로 개인과 고객, 같은 직급의 동료, 혹은 상사와 부하직원으로 구성되어 진행한다. 각각의 상황에는 모두 그에 따른 목적이 있다. 업무회의는 일의 순조로운 진행과 관련 있을 뿐 아니라 우리의 보수를 결정하기도 한다. 따라서 목적을 달성하고 우리의 생각을 실현하기 위해 업무회의에서 주도권을 잡는 것은 상당히 중요하다.

회의에서 주도권을 잡는 법

우리는 다음과 같은 방법으로 우리에게 매우 유리한 주도권을 잡을 수 있다.

원하는 바를 구체적으로 밝히자

만약 회의의 진행방향을 주도하고, 자신에게 유리한 방향으로 끌고 나가고 싶다면 상대 참여자가 자신이 제기하는 내용을 분명히 이해할 수

| 회의에서 주도권을 잡는 법

그림과 글의 적절한 배치, 일목요연

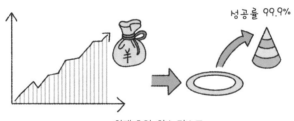

최대 효익, 최소 리스크

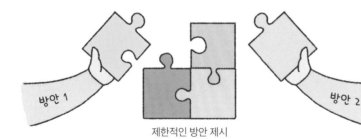

제한적인 방안 제시

별 게 다 고민인 사람들을 위한 심리학

있도록 해야 한다. 회의 주도권의 향방은 누구의 생각이 뚜렷한지, 더 구체적인 방안으로 얼마만큼의 호응을 이끌어내는지에 따라 달라진다. 예를 들어 그림과 글이 적절히 배치되어 있고, 일목요연하게 생각을 잘 드러낸 방안은 다른 사람의 눈에도 잘 들어오기 마련이다. 반대로 지나치게 복잡하고 추상적이며 실현이 어려운 방안은 많은 질타를 받는다.

최대와 최소의 원칙을 지키자

분명하고 구체적인 것만으로는 부족하다. 최고의 효율로 자신에게 유리한 자원을 보호하고 제시한 내용을 얼마간 보류하거나 더하기도 한다. 따라서 우리는 '최대 최소의 원칙'을 지킬 필요가 있다. 최대는 상대방이 자기편 방안의 최대 효익을 이해하도록 하고, 우리가 제시한 방안을 수용한다면 상대방에게 가장 유리할 것임을 의미한다. 최소는 상대방에게 우리의 방안으로 인한 리스크가 최소라는 점을 각인시키는 것이다. 효익과 리스크를 적절히 조합해 설명함으로써 회의 참여자들의 마음을 사로잡고 회의에서도 주도권을 잡을 수 있다.

제한적인 방안을 제시하자

우리는 회의에서 타당성 있는 방안들을 보여주고자 하는 욕구가 있다. 그런 우리가 착각하고 있는 한 가지는 방안의 수가 많을수록 우리의 열정을 더 잘 보여줄 수 있고 리더와 고객의 만족도 올라갈 것이라 생각한다는 점이다. 하지만 선택지가 너무 많으면 오히려 선택이 어려워지고, 그 선택에 만족하기가 쉽지 않다. 따라서 회의에서는 지나치게 다양한 방안들을 내놓는 것보다 효익과 리스크에 대해 구체적으로 명시한 두세 가지 방안을 제시하는 것이 더 효과적이다.

06

고인물이 팀원들의
창의력을 억누른다면?

창의력은 회사발전을 이끄는 중요한 기능이다. 업무 스트레스 속에서 직원들의 창의력을 고취시키는 것은 현대기업의 생존을 위해 중요한 과제다. IBM은 컴퓨터업계의 공룡기업이었지만 시대가 변하면서 점차 쇄락의 길을 걸었다. 애플의 창업자 스티브 잡스의 생을 다룬《스티브 잡스》에서 잡스는 IBM이 쇄락의 길을 걷게 된 것은 자신과 같은 연구개발자에게 회사를 넘기지 않고 장사꾼에게 넘겼기 때문이라고 말했다. 하지만 창의력 역시 '무에서 유를 창조해 내는 것'이 아니다.

모바일 차량 이용 서비스 우버(Uber)는 기존의 택시사업에 아이디어를 더해 엄청난 규모의 새로운 산업을 만들어 냈다. 이것은 오랜 업계 경험과 지식에 새로운 인터넷 앱을 접목시켜 만들어 낸 획기적인 결과다. '경험-지식-아이디어'라는 단계를 밟아나가며 창의력이 샘솟도록 해야 한다.

창의력이란

창의력이란 다른 말로 아이디어라고 할 수 있다. 하지만 창의력은 아이디어보다 한 단계 심화된 의미다. 만약 아이디어가 본래의 경험과 지식을 새롭게 구성하고 발전시켜 기존의 백지상태에서 새로운 관점을 찾아낸 것이라면, 창의력은 아이디어를 실제 제품으로 한 단계 진화시키는 것이라고 할 수 있다. 영국의 사회심리학자 월러스(G. Wallas)는 창의적 사고의 네 단계를 제시했다.

준비기

첫 단계는 지식수립 단계로 할애할 시간과 내적 에너지를 모으고 자료를 정리하고 읽어야 한다. 창의적 사고의 첫 단계는 '사실의 발견'이다.

배양기

기존의 경험과 지식, 자료들을 정리해 문제해결을 위한 발상을 시작하는 단계다.

발산기

소위 번뜩이는 시기, 즉 솔루션이 떠오르는 시기다. 이 단계는 일반인들에게서 흔히 볼 수 있는 아이디어가 쏟아지는 단계다.

준비기: 지식 쌓기

배양기: 문제해결을 위한 발상

발산기: 번뜩이는 아이디어

검증기: 실행을 통한 검증

검증기

솔루션을 직접 실행해봄으로써 효과를 검증하는 단계다.

　이 네 단계를 통해 아이디어는 갑작스럽게 떠오르는 것이 아니라 많은 시간과 경험이 축적된 결과물이라는 것임을 알 수 있다.

창의력을 고취시키는 방법

방법 1. 넓고 깊은 지식 쌓기

창의력은 절대 백지상태에서 만들어지지 않는다. 체스의 경우 대가가 되려면 최소 10년의 준비기간이 필요하다. 그만큼 평소 직원들에게 충분한 정보를 제공하고 그 자료들을 접할 수 있는 업무환경을 만들어주어야 한다. 또한 한쪽의 관점에만 머무는 것이 아니라 다양한 관점에서 접근할 수 있도록 장려해야 한다. 새로운 어젠다를 설정한다면 적용할 수 있는 관점과 자원을 확대해볼 수도 있다.

방법 2. 게임하는 분위기 만들기

지금의 인터넷 기업들은 왜 본사 내부에 게임구역을 만들거나 무한대로 즐길 수 있는 스낵바를 제공하는 것일까? 그 목적은 즐겁고 여유로운 놀이공간을 마련해주기 위해서다. 교육학자인 E. 폴 토런스(E. Paul Torrance) 박사는 게임과 일을 분명하게 구분 짓는다면 업무환경 자체가 엄숙해지고 긴장감이 형성되어 창의적인 사고습관을 들이기가 어렵다고 지적한 바 있다.

게임을 무의미한 활동으로 보지만 뜻밖에도 게임을 즐기는 태도는 창의적인 사고의 시작이다. 이는 마음의 경계심과 빗장을 열어 자유롭게 공부하고 상상하며 자연스럽게 창의적인 생각들이 떠오르도록 하는 것이다. 물론 이 게임공간에도 나름의 규칙은 있다. 분위기는 일종의

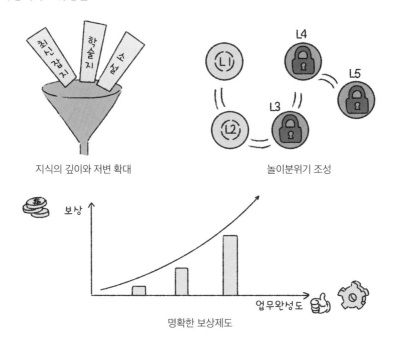

지식의 깊이와 저변 확대   놀이분위기 조성

명확한 보상제도

여유로운 태도를 말하는 것이다.

이제 막 시작한 사람들은 게임의 규칙을 배워둘 필요가 있다. 게임에 참여하며 규칙을 어느 정도 이해하고 나면 기존의 규칙에서 벗어나 다른 관점에서 생각해볼 수 있을 것이다.

방법 3. 명확한 상벌제도 수립하기

창의력에는 동기부여를 할만한 원인이 필요하다. 생쥐가 미로를 지나왔는데 상으로 치즈 양을 줄인다면 생쥐는 굳이 미로에서 나오려고 애쓰지 않을 것이다.

직장에서의 창의력 발현도 일이나 보수와 밀접하게 연관되어 있다. 그런 만큼 완벽한 상벌제도를 통해 창의력에 대한 보상을 해주어야 한다. 입사 초기의 젊은 직원들은 회사를 위해 신선한 아이디어들을 아낌없이 내놓지만 그 아이디어들이 제대로 인정받지 못하고 도리어 과하다고 여겨지거나 다른 부류의 사람으로 치부된다면 더 이상 아이디어를 내놓지 않을 것이다. 이렇게 시간이 흐르다 보면 창의력을 위한 노력에 할애하는 시간은 줄게 되고, 결국 창의력 결핍의 늪에 빠지고 말 것이다.

별 게 다 고민인 사람들을 위한 심리학

07

효과적으로
부하직원을 혼내는 법

차오 선생은 늘 열심히 일해 왔고, 지금은 직접 회사를 경영하고 있다. 하지만 회사 규모가 커지고 직원 수가 늘어나면서 엄격하게 원칙을 적용해야만 회사를 운영할 수 있었다. 이런 부분은 차오 선생을 골치 아프게 했다. 차오 선생은 말했다. "난 정말 쉽게 화내는 사람이 아닙니다. 적어도 다른 사람에게 화내는 법도 몰랐던 사람이에요. 회사가 잘될 때는 모두가 친구였고, 함께 고생하고 함께 웃었습니다. 하지만 지금은 사람이 많아지니 더욱 공정하고 엄격해져야 한다는 걸 알았습니다. 정말 어렵군요!"

며칠 전 차오 선생은 한 직원을 크게 혼냈고, 직원은 끊임없이 눈물을 흘렸다. 난처해진 차오 선생도 마음이 아팠다. 그리고 그 직원은 회사를 그만두기로 마음먹었다. 원래도 제대로 되지 않았던 일들이 이 일을 계기로 더 나아지지 않았다.

화를 내는 의미

리더십에 관한 책들 대부분이 부하직원을 대하는 방법들에 대해 설명한다. 직원을 엄격하게 대하는 법에 대해서도 수많은 조언들이 존재한다. 그런데 정말 부하직원에게 화를 내는 것이 좋은 방법일까?

우선 의학적인 관점에서 화를 내는 것은 우리의 건강에 영향을 미칠 수 있다. 늘 화를 내는 사람은 수명이 단축될 수도 있다. 이밖에 화를 15분에서 30분가량 낼 경우 하루 종일 불쾌한 감정으로 보낼 수 있고

| 화를 내는 의미

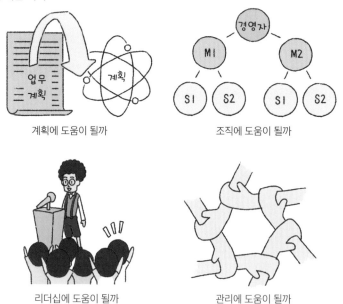

계획에 도움이 될까

조직에 도움이 될까

리더십에 도움이 될까

관리에 도움이 될까

삭이지 못한 화를 가지고 가족과 친구를 대하면 결국 주변 사람들까지 불쾌하게 만들 수 있다. 더불어 관리의 관점에서 살펴봐도 화를 내는 것은 모든 부분에 이로울 것이 없다.

관리는 일반적으로 네 가지로 나눠볼 수 있는데 목적으로 따져본다면 계획, 조직, 리더, 관리로 나눌 수 있다. 그럼 우리는 다음과 같은 질문을 던져볼 수 있다.

화를 내는 것이 계획에 도움이 될까? 계획과 정책결정을 하는 데 필요한 것은 이성적인 능력이다. 하지만 화를 내는 것은 감정을 분출하는 것으로 영향을 주는 것 역시 감정이다. 화를 내면 참여자들은 나쁜 결과를 걱정하느라 쉽게 아이디어를 내놓지 못하고, 더 보수적인 계획을 고수한다.

그럼 화를 내는 것이 조직에는 도움이 될까? 적절한 규범은 모두가 업무내용을 파악하는 데 도움이 된다. 화를 내는 건 표면적인 응집력을 만들 수는 있지만 실질적인 응집력에는 도움이 되지 않는다. 처벌은 외적 원동력에 속할 뿐 즐겁게 일을 하는 것과 같은 내적 원동력은 아니다. 그렇게 되면 목표를 이루고자 하는 내적 원동력이 부족하게 된다.

화를 내는 것이 리더십에는 도움이 될까? 지도와 관리의 차이라면, 전자는 사람에 대한 것이고 후자는 일에 대한 것을 말한다. 두 가지를 결합해 일을 진행할 때 우리는 최대 효과를 얻을 수 있다. 화는 일에 대한 책임회피를 조장한다. 표면적으로 리더는 더 많은 주도권을 가진 것 같지만 실제로는 책임의식 없는 팀을 만들게 되고, 회사가 곤경에 처하면 쉽게 흩어진다.

그렇다면 화를 내는 것이 관리하는 데 도움이 될까? 화는 그 당시의 상황에만 영향을 주는 것이 아니라 리더의 이미지를 더 권위적으로 만든다. 그러면 직원들은 업무적으로 늘 피동적인 자세를 취하거나 지시만 기다리게 되어 팀 업무의 유연성과 효율이 떨어질 수밖에 없다. 이처럼 실상은 아니더라도 관리를 받는 듯한 형태는 결국 팀의 효율에 영향을 미치게 된다.

화내기의 예술

화를 내면 부정적인 결과가 많을 수밖에 없다. 그럼에도 불구하고 직원들에게 화를 내야 할까? 원칙적으로는 다음의 상황에서만 화를 내는 것이 의미가 있다.

공정하고 명확한 기준이 있어야 한다

만약 특정 직원에게만 화를 내고 다른 직원에게는 관대하다거나 리더 자신조차 화를 내는 데 대한 기준이 없다면, 그 화는 직원들에게 불공평하다는 느낌을 줄 수밖에 없고 불만만 불러일으킬 뿐이다. 따라서 화를 내는 기준은 공정해야 한다.

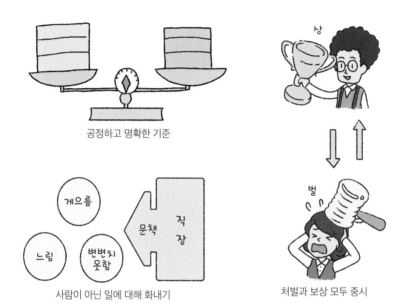

공정하고 명확한 기준

사람이 아닌 일에 대해 화내기

처벌과 보상 모두 중시

사람이 아니라 잘못한 일에 대해 화를 내야 한다

화를 내는 대상이 사람이 된다면 감정적인 자극이나 상처를 줄 수 있다. 현대사회에서 심리적인 상처는 소송이나 그에 상응하는 책임을 져야 하는 법적 분쟁까지 일으킬 소지가 있다. 화를 낸다면 사람이 아니라 일 자체에 대해 화를 내고 처리방법을 설명해야 한다. 이렇게 하면 화를 내는 형태로 이루고자 하는 목적을 달성하고, 업무에 대한 분석능력을 통해 리더십을 보여줄 수 있다. 더불어 부하직원에게 업무진행에 대한 핵심을 알려줄 수 있다.

처벌과 보상을 모두 중요시해야 한다

행동심리학에서는 사건 후의 보상과 처벌을 통해 마음속의 자극-반응 메커니즘을 구축할 수 있다고 하는데, 처벌이 없다면 고통을 피하는 법만 배우고 노력을 기울이는 이점과 즐거움에 대해서는 이해할 수 없게 된다.

합리적인 보상과 처벌을 통해 직원이 업무의 즐거움과 업무의 의미를 찾을 수 있도록 돕는다면 더욱 능동적으로 업무에 몰입할 수 있다.

08

유형별
상사 대처법

샤오밍, 지미, 리융은 입사 동기로 각각 다른 부서에 소속되었다. 세 사람은 함께 점심을 먹으며 서로의 생활에 대해 이야기를 나눴다. 올 연말 임원의 퇴직을 앞두고 각 팀의 부서장들이 호시탐탐 그 자리를 노리고 있었다. 세 사람은 각자의 부서장에 대해 이야기하면서 누가 후임자가 될지 예상해보았다. 샤오밍은 자신의 부서장에 대해 동료들에게 발전공간을 열어주고 부서원들과도 잘 어울린다고 말했다. 어떤 부하직원은 부서장을 선생님이라고까지 부를 정도로 많은 걸 배울 수 있고, 편하게 이끌어주는 덕에 조금의 스트레스도 없다고 말했다. 지미는 부서장만 보면 식은땀이 난다고 말했다. 지미의 부서장은 폭군처럼 무슨 일이든 관여하고, 종종 새벽 서너 시에 이메일을 보내는 잠도 없는 사람이라고 말했다. 그의 밑에서 일하면 배우기는커녕 스트레스만 쌓이고, 실수라도 하면 욕만 먹을 뿐이라고 했다. 리융은 자신의 부서장에 대해 말하기에 앞서 한숨부터 내쉬며 어깨를 약간 으쓱하며 말했다. "나는 살면서 그 여자처럼 자아도취에 빠진 사람은 처음 봐."

리더의 유형

회사에 들어가면 업무 외에도 인사문제라는 높은 장벽이 있다. 세상에 다양한 사람들이 모여 사는 만큼 상사의 유형도 가지각색이다. 전통적으로 상사는 좋고 나쁨 두 가지로 분류되었다. 하지만 다소 과하거나 편파적인 상사라고 해도 모든 부하직원들이 싫어하거나 좋아하는 것은 아니다. 심리학 관점에서는 조력형 상사와 방해형 상사로 구분하는 것이 좀 더 적절할 것이다.

조직심리학자 로널드 리지오(Ronald Riggio)에 따르면 방해형 상사는 조력형 상사와 다른 특징을 갖는다. 다음의 표를 보면 어떤 상사를 따르고 또 어떤 상사를 멀리해야 할지 한눈에 파악할 수 있다.

| 방해형 상사와 조력형 상사

• **방해형 상사**

유형	표현
방목형	표면적으로는 부하직원에게 많은 자유를 주는 것처럼 보이지만 실제로는 관리자로서의 책임을 미룬다.
막말형	부하직원에게 불친절하며 심지어 성적 수치심을 주는 발언을 한다.
매정형	처벌만이 직원의 생산력을 향상시킬 수 있다고 믿어 직원들의 창의력을 저하시킨다.
악마 대변인	세계관, 인생관, 가치관이 불명확하고 심지어 회사에 손해를 끼칠만한 일을 벌인다.
지나친 자기애	안하무인이다.
호형호제형	부하직원과 선을 긋지 못한다.

• 조력형 상사

유형	표현
책임감형	충분한 전문지식과 책임 있는 태도를 갖췄다.
상호 존중형	분명하고 선을 지키는 말투와 직장 내 규율을 준수한다.
원대한 식견을 갖춤	팀원들과 함께 성장한다.
정직하고 신뢰를 중시	직장 내 윤리를 지키고 원칙이 있으며 법을 준수한다.
공평하고 공정함	사실에 근거해 업무를 처리하고, 다른 사람의 말을 함부로 무시하지 않는다.
신중하고 안정감 있음	부하직원을 이해하고 잘 어울리면서도 프라이버시는 침범하지 않는다.

상사 대응법: 직장생활 잘하는 법

대부분의 경우 우리는 상사를 선택할 수 없다. 각양각색의 상사를 대하는 것은 사회생활을 하며 다양한 사람을 만나는 것과 같이 우리에게 좋은 점과 나쁜 점이 있다. 그럼 어떻게 해야 할까?

직장을 존중한다

인사문제보다 더 중요한 것은 업무에 대한 책임감이다. 상사는 회사의 대표가 아닐 뿐 아니라 우리를 대신할 수도 없다. 우리와 상사는 협력하는 파트너 관계이며 그 목적은 회사의 이익을 최대한 증진시키는 것이다.

따라서 상사와의 관계가 고민된다면 우선 업무를 제일 먼저 고려해

업무실적 상승

직장 존중

개인의 관점에서 고려

진입금지

가이드라인 설정

야 한다. 조력형 상사의 책임감을 배워 전문지식을 갖추고, 상호 간의 사적인 기회를 존중해야 한다.

개인의 관점에서 고려해야 한다

다양한 상사와 공존하는 것은 학습할 기회이기도 하다. 상사마다의 장점을 이해하고, 그들의 장점과 단점을 자신의 교육자료로 삼아보자. 결국 일이란 경쟁이다. 우리는 승진의 기회를 잡아야 한다. 상사와 괜한 신경전을 벌이다 보면 업무적으로 성장할 시기를 놓칠 수 있고 결과적으로 득보다 실이 더 커질 수 있다.

따라서 방목형 상사를 만났다면 나태해지지 않고 멀리 내다봐야 한다. 쉽게 얻기 힘든 기회를 활용해 최선을 다하고 스스로를 성장시켜야 한다. 지금 상황에서 한 단계 올라서야만 승진이나 이직의 기회를 얻어 삶의 질을 개선하고 이상을 실현할 수 있다.

가이드라인을 정하자

모든 사람은 자신만의 한계선이 있다. 만약 특정 상사가 그 한계를 넘어섰다면 그 상사와는 선을 그어야 한다. 한 번 넘은 선은 두 번도 넘을 수 있기 때문이다. 상사의 모욕적인 언사를 듣고도 내버려둔다면 자신을 벌하는 것과 다르지 않다. 그럴 때는 사내 고발 채널을 활용하거나 조력형 상사를 찾아 대책을 논의해봐야 한다.

※ 심리학 조언

함께 어울리기 어려운 사람들이 있다. 하지만 감정에만 치우치면 자신의 일을 하는 데 결코 도움이 되지 않을 것이다. 자신이 지금 열심히 노력하고 있는 이유를 절대 잊지 말자.

09

전문가가 될까,
만능일꾼이 될까?

아웨이의 아들은 이제 막 대학에 입학했다. 아이는 문학을 전공하고자 했지만 아웨이는 금융을 공부하길 바랐다. 결국 부자가 몇 날 며칠을 고민한 끝에 법대를 선택하기로 했다.

아웨이는 대학에서 미디어를 전공하고 신문사에서 일하다가 이후 편집장이 되었다. 하지만 마음속으로는 늘 여행을 꿈꿔왔다. 결국 아웨이는 퇴사 후 여행을 다니기 시작했다. 여행 기록과 사진들은 사람들의 관심을 끌기에 충분했다.

지금의 아웨이는 여행미디어 편집자로 일하며 그의 다채로운 사진과 글을 실은 여행 에세이를 집필하고 있다. SNS를 통해 벌어들이는 수입이 편집자 월급보다 훨씬 많다. 지식의 범위와 깊이는 더 이상 중요한 기준이 아닌 세상이 되었다.

소통도, 전문성도 중요하다

멀티형 인재든 전문가형 인재든 모두 사회생활에는 필요하다

전문가나 만능일꾼은 사실 전문가형 인재냐, 멀티형 인재냐의 다른 표현일 뿐이다. 이 문제를 해결하기 위해서는 교육 자체를 돌아봐야 한다. 또한 전문가형 인재를 키워야 하는가, 멀티형 인재를 키워야 하는가의 문제도 마찬가지다.

독일, 싱가포르와 같은 나라에서는 의무교육 단계에서 관심 분야를 나눈다. 능력과 원하는 바에 따라 어떤 학생은 고등교육의 길을 선택하고, 어떤 학생은 직업교육을 선택하여 산업계에 진출할 준비를 한다. 이는 전문가형 인재와 멀티형 인재 모두 사회에 필요한 인재상이라는 점을 반영한다. 사회는 다양한 분야의 인재가 있어야만 정상적으로 유지될 수 있다.

전문가형이든 멀티형이든 무엇보다 재능이 있어야 한다

우리는 다룰 수 있는 일의 종류가 많은 사람을 멀티형 인재라 하고, 하나의 일을 깊이 다룰 수 있는 사람을 전문가형 인재라고 한다. 사실 '인재'라는 말을 붙이려면 일정 수준에 도달해야 한다. 《반지의 제왕》 작가 J. R. R. 톨킨(John Ronald Reuel Tolkien)은 언어학자이자 작가이며, 시인이자 대학 교수의 삶을 살았다. 그는 각 분야에서 전문가형 인재였으며, 또한 종합적인 멀티형 인재이기도 했다.

다시 말해 우리가 멀티형 인재가 될지 전문가형 인재가 될지를 고민하고 있다면 자신이 무엇을 하고 싶고 또 무엇을 할 수 있는지를 먼저 생각해야 한다. 그러고 나서 어떤 일을 하려면 어떤 분야를 공부해야 하고 어떤 능력을 향상시켜야 하는지 고민해봐야 한다.

| 전문가형 인재, 멀티형 인재 어떻게 선택할 것인가

자기 자신 파악하기

직업 이해하기

별 게 다 고민인 사람들을 위한 심리학

선택방법

스티브 잡스는 복잡한 코드를 쓰지 않고도 식견과 창의력, 마케팅 능력으로 아이폰이라는 전 세계적으로 막강한 영향력을 발휘하는 혁신적인 제품을 만들어 냈다. 하지만 모든 사람이 스티브 잡스처럼 되어야만 성공할 수 있는 것은 아니다. 멀티형 인재 혹은 전문가형 인재가 되려면 우선 다음의 두 가지에 대해 이해해야만 한다.

자기 자신 파악하기

자신을 파악하는 첫 번째 방식은 직업컨설팅의 심리검사를 받아보는 것이다. 빅 파이브(Big Five) 검사, 에니어그램(Enneagram) 등의 검사를 해본다면 자신의 성격특성을 이해하는 데 도움이 될 뿐만 아니라 심리적인 성향과 직업유형의 적합도 등을 분명히 알 수 있다. 어떤 내용은 우리가 읽고 이해할 수 있는 부분도 있지만, 어떤 부분은 전문가의 도움이 필요한 만큼 혼자 잘못된 해석으로 판단하지 않기를 바란다.

두 번째 방식은 주변 사람을 이용하는 것이다. 조하리의 창(대인관계에 있어서 자신이 어떻게 보이고 또 어떤 성향을 가지고 있는지를 파악할 수 있도록 한 심리학 이론-옮긴이)처럼 자아인지에는 자신은 모르지만 남들은 알고 있는 맹목영역이 존재한다.

자아인지의 방식은 자아에만 국한되지 않으며 타인과의 소통으로 얻은 피드백을 통해서도 자신을 알아갈 수 있다.

직업 이해하기

자신에 대해 어느 정도 이해했거나 검사를 통해서 우리에게 적합한 직업유형을 찾았다면 그것을 더욱 세분화할 필요가 있다. 구직사이트나 심리컨설팅 기관 혹은 실습기회를 통해 자신이 하고 싶은 일과 적성에 맞는 일은 무엇이며, 실제로 어떤 일인지 알아 볼 수 있다.

대개 원하는 일과 적성에 맞는 일이 같지 않을 때가 많다. 그런 의미에서 우리는 전문가형 인재와 멀티형 인재에 대해 다시 고민해볼 수 있다. 즉 어떤 일의 경우 한 부분만 깊이 파고들어야 하는 반면 어떤 일은 다방면의 지식을 두루 섭렵할 필요가 있기 때문이다. 예를 들어 통역사라면 멀티형 인재가 되어야 한다. 언어능력도 훌륭해야 하고, 정치·경제·문화 등 다방면에 능통해야 유창한 통역을 할 수 있기 때문이다.

이와 달리 수학자의 경우 수학 난제를 풀기 위해 10년이 넘는 시간을 쏟아붓고 나서야 결국 문제의 답을 찾는 경우를 종종 접하게 된다. 따라서 멀티형 인재가 나은지 전문가형 인재가 나은지의 핵심은 우리가 어떤 일에 종사하느냐에 달려 있다.

10

다양하고
복잡한 업무정리법

대학원생인 청즈는 외국계 기업 법무팀에서 일하고 있다. 그녀는 회사에서는 일을 하고, 퇴근 후에는 살림을 해야 했다. 그녀에게 공부할 시간은 정말 귀하기만 했다. 하지만 그렇게 바쁜 와중에도 일과 휴식의 적절한 균형을 맞추었고 결국 학위도 받았다.

반대로 대학생인 샤오뤄는 수업이 끝나고 나면 여유로운 시간을 보낼 수 있었음에도 불구하고 늘 쫓기듯 살았고 F학점을 받는 경우도 적지 않았다.

청즈는 어떻게 바쁘고 복잡한 일상에서 일과 휴식의 균형을 찾고 학습효율성도 높을 수 있었을까? 또 여유로워 보이는 샤오뤄는 왜 중간에도 못 미치는 성적을 받을 수밖에 없었던 것일까?

업무난이도의 분배가 고르지 않다

심리학계에서 유명한 솜사탕 실험은 참을성 있는 아이일수록 성장해서도 학업과 일에 대한 성취도가 높다는 사실을 보여준다. 성공하기 위해 쌓아온 과정과 도전할 줄 아는 행동 그리고 강인한 의지가 필요하기 때문이다. 스케줄 관리도 마찬가지다. 단순한 업무에만 모든 에너지를 쏟아붓는다면 어려운 업무들이 밀려올 때 감당할 수 없게 된다.

편승효과 때문이다

같은 무리에 있는 사람들이 하나같이 미루기에 익숙해져 있거나 업무에 대한 요구 정도가 낮다면 당신도 그 영향을 받게 된다. 예를 들어 애써서 업무계획을 세우는 당신을 보고 주변에서 모두들 "뭘 그렇게 열심히 해", "그냥 대충하면 돼"라고 말하는 것처럼 말이다.

다른 형태의 편승효과는 거절할 줄 모르는 것이다. 때로 우리는 자신의 업무만으로도 충분히 바쁘면서도 도움을 청하는 사람을 거절하지 못한다. 그런 경우 결국엔 자신의 일을 그르치게 되고 업무는 더욱 복잡해진다.

계획표가 탄력적이지 않다

탄력적이지 않은 계획표를 작성하게 되면 우리는 허구의 만족감만 얻

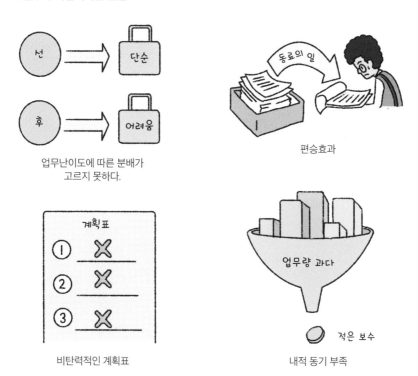

업무난이도에 따른 분배가
고르지 못하다.

편승효과

비탄력적인 계획표

내적 동기 부족

게 된다. 실제 계획표는 실천의 첫 단계일 뿐이라, 그런 만족감은 우리
의 행동을 지연시킬 수 있다.

내적 동기가 부족하다

업무가 복잡하다고 느끼는 건 동기가 부족해서이기도 하다. 때로는 내
키지 않는 일을 해야 할 때도 있다. 이런 경우 마음속으로 해야겠다는

의지가 없다 보니 업무가 복잡하고 어렵게 느껴져 결국에는 미루게 된다. 예를 들어 팀장이 실적을 올리기 위해 업무량은 늘려놓고 실적에 대한 보상은 제대로 해주지 않는다면 제아무리 멋들어진 계획이라도 팀원들의 참여도는 저조할 수밖에 없으며 계획대로 마무리하기가 결코 쉽지 않을 것이다.

복잡한 업무에서 탈출하기 ⚠

과거의 일부 업무방법이 실현하기 어려웠던 것은 관리 메커니즘의 제약 때문에 현실과 동떨어진 방법들이었기 때문이다. 하지만 모든 업무를 완벽하게 해낸다는 것은 사실상 불가능하다. 산적해 있는 업무들을 해결하기 위해 우리는 다음과 같은 전략을 취할 수 있다.

가장 중요한 일에 가장 많은 에너지를 쏟는다

해야 할 일을 우선 종이 위에 나열한 후 하고 싶은 정도에 따라서 1~5점으로 구분(점수가 높을수록 해내고 싶은 일)한다. 그런 다음 다시 중요도에 따라 1~5점(점수가 높을수록 중요)으로 나눈다.

모두 합한 점수를 토대로 새로운 계획표를 마련하고, 점수가 가장 높은 부분에 에너지를 쏟아붓자. 점수가 비슷하거나 동일한 경우 고민스러워지는데 아마도 우리가 중요하게 여기지 않거나 하고 싶지만 그렇

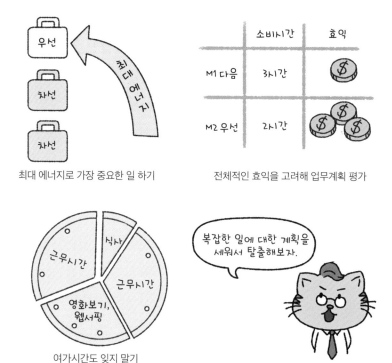

최대 에너지로 가장 중요한 일 하기

전체적인 효익을 고려해 업무계획 평가

여가시간도 잊지 말기

복잡한 일에 대한 계획을 세워서 탈출해보자.

게 중요하지 않은 일일 것이다. 자신이 정한 일의 중요도에 따라 순서대로 처리하면서 마음과 뇌의 에너지 소모를 줄여 더 효과적으로 업무관리를 해야 한다.

전체적인 효익을 고려해 업무계획을 평가한다

오후에 고객과 회의가 있는 경우 화상회의를 하거나 직접 만나서 진행해야 한다. 화상회의의 경우 많은 사전작업이 필요한 것도 사실이지만 대면회의를 한다면 양측이 더 많은 시간을 할애해야 한다. 그렇게 따졌을 때 화상회의가 더 합리적이라면 마땅히 앞쪽에 우선순위를 두어야 한다. 하지만 일이 복잡한 경우라면 동료와 분업하여 복잡한 일을 보다 간단하게 처리할 수 있고, 시너지 효과도 만들어 낼 수 있다. 우리를 정신없게 만드는 일은 종종 동료와 함께 협력하는 방법이 부족해서일 때도 있다.

삶을 즐기는 여가시간도 꼭 포함시켜야 한다

삶이 온통 일로만 가득하고 몸과 마음에 여유를 줄 수 있는 휴식이 없다면 우리의 몸과 마음은 복잡한 일들을 잘 해낼 수 없을 것이다. 마음이 지치면 아주 간단한 일도 전과 달리 버겁게 느껴지기 마련이다. 이 책 속의 여유와 스트레스 해소에 관한 부분을 참조하여 올바른 휴식습관을 기른다면 충만한 에너지로 일에 매진할 수 있을 것이다.

11

상대의 화를
가라앉히는 법?

장미는 개인적인 일로 오늘도 회사에 조퇴를 신청했다. 결재를 받기는 했지만 부서장은 마뜩잖아했다. "이달 들어 벌써 세 번째네요. 연말에 모두 매일같이 야근하는데 장미 씨만 너무 편한 거 아닌가요? 야근은커녕 조퇴라니요. 나는 더 말하지 않겠지만 다른 사람들 입에 오르내리는 건 어쩔 수 없어요." 가까스로 조퇴 결재를 받고, 장미는 자리로 돌아와 퇴근준비를 했다. 함께 프로젝트를 진행하는 팀장이 그녀를 불러 말했다. "오후에 회의할 건데 어디 가는 겁니까?" 장미가 팀장에게 사정을 말하자, 팀장은 인내심을 발휘하며 말했다. "좋아요. 그럼 가기 전에 회의에 필요한 보고서나 먼저 주세요. 브리핑할 PPT에 넣게요." 장미는 당황한 표정을 짓다가 이내 민망한 표정으로 말했다. "죄송합니다. 어제 집에 일이 있어서 깜박했습니다." 결국 화를 참지 못한 팀장은 쥐고 있던 펜을 바닥에 내동댕이쳤다.

주변 사람이 앵그리버드가 되었다면

분노는 몸과 마음의 이중반응

생리적인 측면에서 말하자면 사람은 생명의 위협을 느낄 때 동물적 본능으로 자율신경계 등에서 평소와는 다른 반응을 보인다. 따라서 이 관점에서 볼 때 이성적으로 분노를 완전히 조절하는 효과는 제한적이라고 볼 수 있다. 위급할 때 우리 몸은 우리의 이성보다 더 빠르게 행동한다. 우리가 어떤 반응을 할지 기다렸다가는 생명이 위험해질 수도 있기 때문이다. 예를 들어 평소 온화한 사람이라도 생명에 위협을 느끼거나 누군가로부터 폭행을 당하면 강렬한 분노가 끓어오르기 마련이다.

심리적인 측면에서 말하자면 우리의 마음이 부정적으로 둘러싸이면 분노를 느낀다. 가장 흔히 볼 수 있는 분노는 수치심에서 비롯된다. 사람은 태어날 때부터 열등의식을 가지고 있다. 건강한 열등감은 스스로를 변화시키지만 병적인 열등감은 스스로를 부정하고 심각한 경우에는 자살에 이르게도 한다.

수치심은 열등감을 불러일으키고, 많은 부정적인 감정은 수치심을 불러온다. 예를 들어 좌절은 수치심을 불러일으키는 가장 흔한 원인이다. 정도가 경미할 경우 우리는 민망함을 느끼지만 심각한 경우에는 우리 마음속 자기방어기제가 작동하면서 수치심으로 생긴 분노로 인해 상대방에게 반박하거나 폭력을 행사하게 된다.

분노는 자기보호의 또 다른 방식

사람의 분노는 생명의 위협을 느낄 때 보호를 위한 반응이기도 하지만 강렬한 감정적 동기에 의해 나타나기도 한다. 실제로 수많은 분노상황들을 세분화해 분석해보면, 분노란 기본적으로 피동적이며 특정 인물이나 사건에 의해 촉발된다는 점을 발견할 수 있다.

간단히 말해 분노는 피동적으로 발생하며 상처받지 않기 위한 방식이다. 하지만 분노의 결점은 파괴성을 갖는다는 데 있다. 이성적으로 분노조절이 안 된다는 이유로 여과 없이 외부로 분노를 폭발시킨다면

| 분노의 표출방식

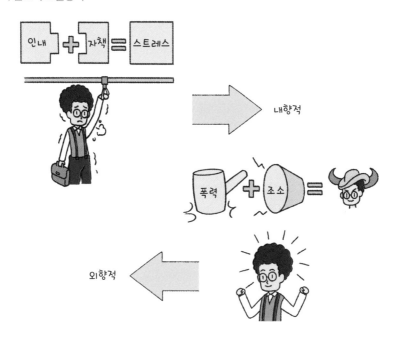

타인과 자신에게 상처를 입힐 수 있다. 가정폭력으로 생명이 위험해지기도 하듯이 그로 인한 상처를 만회할 수 없는 경우도 있다.

분노의 표출방식

분노의 표출방식은 크게 내향적인 것과 외향적인 것 두 가지로 나눌 수 있다. 내향적인 분노는 일반적으로 참거나 자책하여 큰 스트레스를 유발할 수 있다. 최종적인 분노의 감정은 마음속에 쌓이고 쌓여 일과 삶에 대한 열정에 큰 영향을 미치게 된다.

외향적인 분노는 언행에서 뿜어져 나온다. 말과 행동은 파괴와 조소로 분출된다. 파괴는 가장 전형적인 분노로 각종 말과 폭력을 가리킨다. 조소는 말에 그치는 듯 보이지만 실제로는 상대방에게 수치심을 안겨 분노를 일으키게 만들 뿐 아니라 평생 지우지 못할 마음의 상처를 줄 수 있다. 분노가 우리 자신과 타인에게 미치는 영향의 대부분은 부정적이다. 그럼 어떻게 하면 이러한 분노를 누를 수 있을까?

ⓘ

분노를 해결하는 방법

상대의 말을 경청한다

자신의 생각을 말하기에 급급해서 생각보다 감정적인 말이 먼저 나가게 된다. 본래 이성적으로 하려고 했던 말도 감정이 섞이면 분노를 유발하게 된다. 타인과 생각이 대립하면 서둘러 말하지 말자. 말을 하다 보면 이성을 잃고 대화내용조차 제대로 파악할 수 없기 때문이다. 이때 우리에게 필요한 것은 경청이지 표출이 아니다. 상대가 말을 하면 경청하면서 자신에게도 감정을 가라앉힐 시간을 주고 되도록 상처가 되는 말은 뱉지 않도록 해야 한다.

방식을 바꿔 표현한다

때로는 생각을 다듬지 않고 거칠게 표현하는 경우가 있다. 본래 마음은 비난하거나 원망하려던 것이 아니었지만 듣는 이의 입장에서는 감정 상하게 들리기도 한다. 이런 경우라면 말하는 방식을 좀 바꿔보면 어떨까? 예를 들어 폐쇄적인 긍정문인 '내 생각에는'을 개방적인 의문문으로 바꿔 '이렇게 말할 수도 있을까? 너는 XXX가 내 OOO보다 좋다는 거지?'라고 말이다. 상대방에게 실질적인 표현을 할 수 있는 기회를 더 많이 제공함으로써 감정적인 표현을 자제해야 한다.

침묵으로 대신한다

무슨 말을 해야 할지 도통 모르겠는 경우 침묵도 괜찮은 방법 가운데 하나다. 침묵은 분노가 끓어오르는 것을 막을 수 있고, 상대방의 분노도 좀 더 빨리 가라앉히는 데 도움이 된다. 앞서 말한 대로 감정이 폭발하면 우리도 잠시 이성을 잃듯이 상대방 역시 유사한 감정선을 지나게 된다. 이런 경우 침묵을 택한다면 상대방도 더 이상 자극받지 않고 냉

경청하기 | 다른 방법으로 표현하기 | 침묵하기

정함을 회복할 수 있다.

침묵이라고 해서 아예 입을 닫는 것을 의미하는 건 아니다. 상대방이 이해할 수 있도록 비난을 멈추고 경청하는 것도 또 다른 침묵이라고 할 수 있다.

앞에서 설명한 방법들은 분노가 표출될만한 상황일 경우에 대한 이야기다. 소위 치료보다 예방이 낫다는 말처럼 평소 서로 좋은 마음으로 배려한다면 상대를 분노하게 만드는 상황까지는 가지 않을 수 있을 것이다.

별 게 다 고민인 사람들을 위한 심리학

인간관계에 대한 고민,
심리학으로 타파!

정신의학자이자 심리학자인 아들러에 의하면
모든 인생의 과제는 인간관계와 관련이 있다고 한다.
자신을 어떻게 바꾸고, 타인과 어떻게 좋은 관계를 만들 수 있을지,
또 효과적으로 소통하는 방법은 무엇인지에 관한 것이
모두 인간관계와 연결된다.
이런 고민들을 효과적으로 해결하고
마음의 안정을 찾는 방법으로는 어떤 것이 있을까?
이번 장에서 함께 살펴보도록 하자.

01

효과적인
소통방법

우리는 다음과 같은 경험을 한 번쯤은 겪어봤을 것이다. 관심이 가는 상대에게 궁금한 것이 많은데 정작 상대방은 쉽게 답해주지 않는다. 특히 메신저 대화창에 표시되는 '응', '어' 등의 단답형의 말은 무심함에 상처가 되기도 한다. 사람과 사람 사이에 감정이 깊어지려면 입으로만 말하는 것이 아니라 상대가 우리에 대한 정보를 받아들일 수 있도록 노력해야 한다. 경청하지 않는다는 건 소통하지 않는 것이나 마찬가지다. 불을 피우려면 부싯돌이 부딪혀야 하듯 두 사람이 서로 노력해야 한다. 부싯돌 하나로는 불꽃이 튀지 않는다. 그렇다면 어떻게 해야 상대방의 입을 열고 좀 더 친밀한 사이가 될 수 있을까?

소통을 위한 다리

미국의 심리학자 앨런 아이비(Allen Ivey)에 의하면, 관계는 대화에서 시작되고 대화는 경청에서 시작되며 경청의 시작은 인간관계를 위한

다리를 놓는 것과 같다고 했다. 일반적으로 이 다리는 다음의 네 개 기둥 위에 지어진다.

상대방의 입장을 고려하며 신뢰관계를 맺는다

우리가 적극적으로 상대방과 관계를 만들어갈 때 대부분이 자신의 입장에서만 생각하고 상대방의 입장은 소홀히 하곤 한다. 모든 관계에는 저마다의 배경이 있으므로 먼저 경청이 바탕이 되어야 한다. 우선 두 사람의 관계형성 동기가 능동적인지 피동적인지를 살필 필요가 있다. 피동적인 관계에서는 상대방이 원하는 것이 그리 많지 않을 수 있다. 그러므로 능동적으로 상대방의 말을 경청하고, 상대방의 취미 혹은 장점을 파악하여 긍정적인 대화를 나눠야만 상대방에 대한 더 많은 정보를 얻을 수 있다. 경청이란 언어로 표현되는 부분에만 관심을 기울이는 것이 아니라 상대방과 자신의 입장을 세심하게 살피는 것이다.

마음의 소리를 드러내야 한다

상호 관계를 이해하고 상대방의 입장에서 살피는 것이 꼭 신뢰를 증진시키는 것은 아니다. 신뢰를 쌓는 데는 시간이 필요하고, 또 계기도 필요하다. 우리는 대화를 통해 그런 계기들을 만들어가는데, 일반적으로 사용하는 대화법인 개방형과 폐쇄형 질문이 서로 오고 가야 한다.

개방형 질문은 상대방에게 더 많은 선택지를 주어 그 사람의 개성, 태도, 사고력 등을 파악할 수 있다(예 평상시에 무슨 음식을 좋아하나요?).

친분이 두텁지 않은 경우 개방형 질문으로는 방향을 잡을 수 없다. 이때는 폐쇄형 질문으로 더 쉽게 반응을 이끌어낼 수 있다(예 금요일에 A레스토랑엘 갈까요, B레스토랑을 갈까요?).

질문만으로는 완성도 높은 대화를 끌어가기가 쉽지 않다. 한 토막 한 토막 이어지는 대화는 사실 소통의 깊이를 더하는 데 큰 도움이 되지 않는다. 또 지나치게 무거운 주제는 소통의 의지를 꺾을 수도 있다. 이는 질문자의 역할이 부족한 경우다. 실존주의 심리학자 어빈 D. 얄롬

(Irvin D. Yalom)은 적절한 수준으로 자신을 드러내는 것은 소통에 도움이 된다고 보았다. 적절히 자신을 드러내는 것은 신뢰를 쌓는 중요한 방식이며 상대방은 그런 상대에게 상처받지 않을 수 있겠다는 확신을 가질 수 있다.

개인적인 일에서부터 대화를 시작하자

대화에는 단계가 있다. 대화가 줄곧 추상적인 단계에 머물러 있다면 실질적인 의미를 형성하기 어렵다. 예컨대 다른 사람과 '애국심'에 대해 논할 때 추상적이거나 개념적인 내용을 언급하기보다는 실존했던 애국자들의 모습에 대해 토론하는 것이 더 낫다.

우리는 다른 사람들에게 배우자를 무척 사랑한다고 장담하는 사례를 종종 보게 된다. 그런데 어떤 이들은 이렇게 말하면서도 실제 부부관계는 냉랭하다. 반면 어떤 사람들은 굳이 말로 표현하지 않지만 오랜 시간 행동으로 보여준다. 그러므로 구체적인 일에 대해 말하고자 한다면 우리가 주변에서 본 일이나 미디어에 나오는 예보다는 서로 살아가면서 자신이 겪은 일을 이야기하는 것이 가장 좋다. 자신의 이야기를 하다 보면 더 직접적이고 솔직하게 서로를 이해할 수 있고, 한 단계 깊어진 소통을 위한 핵심적인 정보도 들을 수 있다.

비난보다는 마음을 들여다보자

일상적인 소통이 어렵거나 경청하려 해도 효과가 없다면 그 원인은 비

직접 말하기

설득력 있음

자아

자신을 예로 들어 말하기

관심은 많이

비난은 적게

많은 관심과 적은 비난

난이라는 걸림돌 때문이다. 경청하는 대상은 사람이고, 그 사람의 핵심은 마음이다. 마음이 움직일 때 비난은 감정의 흐름을 저해할 수 있다. 예를 들어, 누군가 실연의 아픔을 말할 때 가장 올바른 대응은 상대의 아픔을 들어주는 것이고, 그다음으로는 자신의 경험을 적절히 공유하여 당신의 고통에 공감하고 있다는 것을 느낄 수 있게 해야 한다.

심리학 조언

경청의 뒤에는 두 사람의 상호작용이 있다. 두 사람의 배경에는 그들의 가정, 문화, 경험 등이 있다. 때로 지나친 편견은 경청에 방해가 되기도 한다. 쓸모를 위한 생각은 잠시 내려두고 진심으로 상대방의 입장에서 경청한다면 교류와 대화는 더 이상 어렵지 않을 것이다.

02

왜 나쁜 인상을
주는 걸까?

하이룬은 어릴 때부터 호감형이 아니었다. 선생님도, 친구들도 모두 그녀를 좋아하지 않았다. 하이룬은 늘 혼자 놀았다. 한 번은 체육수업 장소가 운동장에서 체육관으로 변경되었는데 아무도 알려주지 않은 적도 있었다.

하이룬은 고향집을 떠나 도시에서 대학을 다니면 새로운 이미지를 만들 수 있을 것이라 생각했다. 하지만 기숙사 친구들과도 역시나 서먹하게 지낼 뿐이다. 최근 기숙사에서 누군가 물건을 분실했는데 하이룬은 주변 사람들이 모두 자신을 의심하고 있다고 느꼈다.

심리컨설팅을 받으면서 하이룬은 초등학교 1학년 당시 실수로 친구의 우산을 가져왔고, 그 일로 인해 화가 난 친구가 하이룬을 도둑으로 몰아세웠으며, 주변의 친구들도 합세해 그녀를 도둑이라고 놀렸던 기억을 떠올렸다. 그날 이후 하이룬은 모두가 자신을 좋아하지 않고 의심한다고 여기며 스스로 이미지가 나빠졌다고 생각했다.

나쁜 이미지가 생기는 이유

문화적 차이

심리학적 관점에서 모든 사람의 존재는 개체와 무리의 상호작용에서 온다. 마치 심리학자 아들러가 말한 것처럼 말이다.

- 자아정체성: 스스로에 대한 인식
- 무리 안에서 자신의 정체성: 나에 대한 타인의 인식

일반적으로 우리의 정체성은 위에서 말한 두 가지의 결합체다.

소문, 천성도 피하기 어렵다

미국의 심리학자 프랭크 T. 맥앤드류(Frank T. McAndrew)에 의하면 사람은 원래 소문을 좋아한다. 소문은 집단 내의 정보흐름을 촉진할 수 있고 그 속에 종종 은밀한 비밀을 내포하고 있어서, 그 비밀을 알고 있는 자는 집단에서 주목받고 더 큰 권력을 가질 수 있다.

인간의 언어능력은 타고난 것이지만 언어의 본질은 사실을 말하는 것뿐만 아니라 관계를 증진시킬 수도 있다. 이는 생동감 넘치는 소문과 악의를 담은 유언비어들을 더 이상 피할 수 없는 일로 만들기도 한다. 소문은 사회교류를 증진시키는 작용이 있으며, 사회교류 과정에서 다른 사람이 모르는 정보(설사 사실이 아니더라도)를 통해 타인의 주목을 받

젓가락

포크와 나이프

문화적 차이

소문을 좋아하는 천성

고 자신의 사회적 가치를 증진시킬 수도 있다. 그래서 일부 나쁜 이미지는 아무런 근거도 없이 다른 사람의 인기에 영합하는 결과를 가져오기도 한다.

혼자만의 지나친 착각

심리학에는 '조하리의 창 이론'이 있다. 이는 자신과 대중 사이의 인지 모델을 묘사하여 소통을 원활하게 돕는다.

· 열린 창: 우리는 이 구역을 가장 훌륭한 부분으로 꼽지만 실제로 이 구역은 거짓말로 가득하다.

- 보이지 않는 창: 우리는 다른 사람이 우리를 보는 시선을 전혀 알지 못한다. 이 구역은 오해로 가득하며 나쁜 이미지가 있다.
- 숨겨진 창: 이 구역의 내용은 다른 사람이 알기를 원하지 않거나 특정한 사람은 몰랐으면 하는 일이다.
- 미지의 창: 잠재력이 있거나 우리의 억압된 기억, 혹은 타인에 의해 은폐된 과거의 일이다.

보이지 않는 창과 숨겨진 창은 나쁜 이미지를 교차 형성하는 정보의

| 조하리의 창

별 게 다 고민인 사람들을 위한 심리학

출처다. 우리를 보는 타인의 시선이 반드시 정확한 것은 아니다. 예를 들어 다른 사람과 짝사랑의 비밀을 공유하고 싶지 않았을 뿐인데 마치 사랑에 빠져 친구를 버린 사람으로 여길 수도 있다. 또 마음이 좋지 않아 온종일 표정이 좋지 않은 것뿐인데 다른 사람들은 그 모습을 보고 선뜻 말을 걸지 못하며 오해를 만들 수도 있다.

나쁜 이미지를 바꾸는 것은 사회성에 달렸다

나쁜 이미지가 생기는 원인을 알았다면 나쁜 이미지를 바꿀 방법을 생각해야 한다. 이제 다음과 같이 해보자.

능동적인 교류는 다른 사람에게 자신을 좀 더 쉽게 알릴 수 있다

차이를 해소하는 방법이 경청이라면 하소연은 오해로 인한 나쁜 이미지를 피할 수 있다. 치료보다 예방이 중요하듯 결사적으로 이미지를 바꾸기 위해 노력하는 것보다는 처음부터 좋은 인상을 심어주는 편이 더 낫다.

새 직장과 같이 환경이 새롭게 변했다면 우선 회사의 문화를 익히자. 가령 이전 회사에서는 복장에 대해 별다른 규정이 없었을지라도 새 직장에서는 특별한 요구사항이 있을 수 있다. 지금 회사가 요구하는 내용을 잘 살펴 적극적으로 협조한다면 좋은 이미지를 만들 수 있다.

소문을 좋아하는 인간의 천성을 받아들이되 공범이 되지는 말자

우리는 다른 사람에게 나쁜 이미지로 남길 원하지 않는다. 가능하면 호감으로 비춰지길 바라지만 최소한 오해는 사지 않길 바란다. 오해로 인해 생긴 갈등은 단체생활에서 자유를 억압하곤 한다.

하지만 이미지만 생각하고 사람들의 시선에만 관심을 두다 보면 도리어 우리가 잘 알지 못하는 사람들에게 나쁜 이미지를 심어줄 수도 있다. 따라서 단체생활을 하면서 서로 이해하고 배려하는 것이야말로 나쁜 이미지를 줄이는 근본적인 방안이다.

상호 존중하고 솔직하다면 오해를 줄일 수 있다

조하리의 창에서 구분했듯이 사람과 사람이 서로 완전히 이해하는 것은 본질적으로 불가능하다. 완벽한 이미지를 만드는 데만 몰두하면 사회생활에서 오는 스트레스가 늘어나 오히려 자신을 제대로 드러낼 수 없다.

심리학 조언

나쁜 이미지를 좋아하는 사람은 없다. 하지만 나쁜 이미지가 만들어지는 것은 좋은 이미지와 마찬가지로 사회생활의 산물일 뿐이며 다른 사람이 정의 내린 결과를 피동적으로 받아들여야 하는 것은 아니다. 우리의 사회생활을 돌아보면서 미흡한 부분을 개선하고 효과적인 사회생활을 해야만 비로소 진정한 우리 자신의 모습을 보여줄 수 있는 것이다.

03

짧은 시간 안에
친구 만드는 법

동양 문화권에서는 인륜을 매우 중시한다. 공자는 《논어》에서 친구를 사귀는 도리에 대해 품격이 훌륭한 벗을 사귀면 우리의 심신과 도덕적인 발전을 이루는 데 도움이 되고, 품행이 옳지 못한 벗을 사귀면 개인의 소양과 생활의 격이 떨어진다고 언급했다. 그렇다면 어떻게 해야 짧은 시간 안에 좋은 친구를 사귈 수 있을까? 우선 두 가지에 대한 확신이 있어야 한다.

첫째, 왜 이 사람과 친구가 되고 싶은가. 진심인가 아니면 어떤 이익을 위해서인가?

둘째, 친구가 되고 싶은 상대도 나와 같은 마음인가?

친구를 사귀는 속도와 우정의 깊이는 스스로와 상대방에 대한 인식에 달려 있다. 만약 제대로 알고 있지 않다면 친구를 사귀는 것은 그저 바람일 뿐이다. 그렇다면 자신과 타인을 알기 위해 어떤 노력을 기울여야 하고, 또 어떻게 친구를 사귀는 능력을 키울 수 있을까?

자신과 타인에 대한 인식을 향상시킬 수 있는 효과적인 방법으로는 명상을 꼽을 수 있다. 명상을 통해 자신을 포함해 주변에 대해 더 많은 것을 느끼고 알 수 있다. 동시에 내부와 외부세계를 좀 더 민감하게 바라볼 수 있다.

심리학자 엠마 스펠러는 과학적인 검증을 통해 명상의 긍정적인 면을 18가지로 정리했다. 그 가운데 친구관계에 도움이 되는 다섯 가지를 정리해보면 다음과 같다.

기꺼이 남을 도울 줄 아는 사람이 될 수 있다

지속적으로 명상을 한 사람은 경쟁 속에서도 배려하는 모습을 보인다.

동정심을 기를 수 있다

어떻게 해야 타인을 배려할 수 있을까? 명상을 기반으로 한 조절방법을 통해 상호 간에 더 많은 감정교류를 하며 이성적인 관계를 넘어설 수 있다.

공감대를 넓힐 수 있다

명상은 다른 사람의 아픔에 공감하는 능력을 향상시키고, 다른 한편으로는 우리의 긍정적인 정서를 끌어올려 고통받고 있는 타인에게 적극적으로 다가갈 수 있게 해준다.

타인에 대한 편견을 줄일 수 있다

연구에 따르면 6주간의 명상연습을 통해 다른 문화에 대한 맹목적인 편견을 줄일 수 있었다.

네트워크 능력을 강화할 수 있다

명상은 인간관계의 통찰력을 키운다. 친구관계에는 수많은 언어가 잠재되어 있다. 우리는 명상을 통해 다양한 표현에 대한 감수성을 발전시켜 상대방의 정보를 더욱 잘 읽어낼 수 있다.

(!)

우정을 키우는 속도와 깊이는 이기심에 달렸다

몇몇 사람들은 친구를 사귀면서 '내가 너보다 부자다', '지위가 높다' 등의 강자가 약자를 보듬는 마음으로 접근한다. 이는 겉으로는 친절해 보이지만 실제로는 상대방의 불만만 가중시킬 뿐이다.

편견이나 목적을 가지고 친구를 사귄다면 거리만 멀어질 뿐이다. 하지만 앞에서 설명한 다섯 가지 능력은 모든 편견을 내려놓고 진실한 마음으로 서로를 바라보며 역지사지의 입장에서 생각할 수 있게 함으로써 진정한 관계로 발전시켜준다.

이번에는 조하리의 창을 근거로 친구관계를 발전시키는 방법을 어떻게 활용해야 하는지 살펴보자.

소셜네트워킹 능력 강화

열린 자신의 모습을 더 많이 보여주고, 은폐된 자아는 줄이려고 노력하며 적극적으로 경청해야 한다.

상대방이 정보를 보내오면 우리는 분명하게 읽어야 한다. 종종 문자

| 친구관계를 발전시키는 법

열린 자아로 귀 기울여 듣기

편견 줄이기

감정이입하기

기꺼이 돕기

별 게 다 고민인 사람들을 위한 심리학

로 보냈을 때 상대가 화가 났는지 의심이 들 때도 있다. 하지만 음성언어로 바꿔보면 그렇지 않다는 사실을 알 수 있다.

서로 오해가 생길법한 말은 소통을 통해서 좀 더 명확하게 할 수 있다. 이밖에도 눈빛이나 몸짓 등의 비언어 정보도 타인을 이해하는 데 도움이 될 수 있다.

편견 줄이기

자신의 잣대로 듣고 얻은 정보를 해석하는 것은 우리가 편견이라는 틀을 만드는 핵심이다. 누군가 울고 있는 모습을 보며 불쌍하게 여기는 사람도 있지만 패기가 없는 것으로 간주하기도 한다.

편견을 줄이려면 우선 쉽게 비난하지 말고, 정확한 상황과 상대방의 입장을 고려해보고 그 밖의 객관적인 자료들도 함께 살펴봐야 한다.

따뜻한 마음과 시선으로 감정이입하기

따뜻한 마음과 시선이 있다면 감정은 이성보다 앞선다. 우리가 상대방의 희로애락을 읽을 수 있다면 조금이나마 무의미한 비난을 피할 수 있다. 감정을 이입해보면 상대방의 처지를 좀 더 이해할 수 있다. 예를 들어 실연당한 친구와 함께 눈물을 흘리다 보면 이별이 그 친구의 다른 부분에도 적지 않은 영향을 끼쳤다는 것을 느낄 수 있다. 그런 마음을 토대로 친구에게 도움을 주고 조언을 해줄 수 있다.

기꺼이 돕기

평소 능동적으로 도움이 필요한 사람에게 손 내미는 습관을 기른다면 더 행복해질 수 있고, 그 행복을 다른 사람들에게도 전할 수 있다. 행복은 우리의 사회생활을 더욱 여유롭게 한다. 또 이처럼 베풀며 사는 사람들은 더 긍정적인 마음으로 베풀며 사는 사람을 만날 수 있다.

심리학 조언
사람과 사람 사이의 갈등은 충동적으로 내뱉은 말이나 타인의 마음을 헤아리지 못해 오해가 불거지면서 발생한다. 우리의 마음이 평정심을 찾아 과도한 개인의 목적과 생각을 내려놓고 타인과 긍정적으로 연결된다면 인간관계의 길 역시 정화될 수 있다. 더불어 보다 쉽게 서로의 마음을 나누고 진정한 우정을 쌓을 수 있게 된다.

04

사소한 동작으로
상대의 마음 알아차리는 법

저우제는 자동차 딜러다. 매번 고객들은 다양한 몸짓으로 그를 긴장시킨다. 저우제는 고객들의 생각을 도무지 알 수가 없다. 한 기업의 홍보 담당 직원으로 일하고 있는 송단은 늘 고객의 마음을 잘 읽지 못하는 탓에 의기소침해 있다. 기분 좋게 대화를 나눴던 고객이 다음날 주문을 취소하기도 하고, 그녀에게 쌀쌀맞게 굴었던 고객은 오히려 상사에게 그녀를 칭찬하기도 한다. 저우제와 송단은 친구 소개로 만나 긴 연애는 아니지만 잠시 썸을 타긴 했다. 첫 만남에서 둘은 혹시나 잘못된 만남으로 이어질까 조심스러워 서로를 주시하며 몸짓의 정보를 읽기 위해 안간힘을 썼다.

몸짓을 읽는다는 건 인간의 본능이다 ⓘ

우리는 처음 만났거나 만남의 횟수가 많지 않은 경우 한정적인 몸짓언어에서 상대방의 생각을 읽어낼 수밖에 없다. 그중에서도 잠재의식 속

미세한 표정과 동작은 우리가 읽어내야 할 정보 가운데 하나다.

작은 동작에는 감정, 긴장감, 심란한 마음 등 간단하면서도 보편적인 신호가 담겨 있다. 우리는 이를 토대로 상대방의 생각을 판단할 수 있고, 그렇게 해야만 사회생활에 적합한 반응을 할 수 있다.

심리발전의 관점에서 봤을 때 미세한 동작을 해석하는 것은 자연스럽게 발전해온 본능이다. 인류의 언어가 발전하면서 소통에 쓰이는 언어 외에도 눈빛이나 손짓과 같은 비언어적 소통방식이 존재해왔다.

재미있는 사실은 음성언어가 고도로 발전하면서 비언어적 소통방식은 점차 사라졌다. 하지만 언어적 소통에는 여전히 한계가 있다. 심리학자 로널드 리지오가 말한 것처럼 우리는 말을 하면서도 몸의 언어를

| 흔히 볼 수 있는 사소한 몸짓

손 떨기, 땀 흘리기   손가락 물어뜯기   다리 떨기

쉬지 않고 물 마시기   발끝이 문을 향하기   물러서기

　　　　　　　　별 게 다 고민인 사람들을 위한 심리학

사용한다. 따라서 작은 동작은 말로 표현하는 것의 일부로 볼 수 있다.

어떤 관점에서 보면 비언어적 정보를 해석하는 것은 언어적 정보를 해석하는 것보다 더 중요하다. 하버드대 존 레이트(John Ratey) 교수의 말처럼 막 태어난 아기는 말은 못하지만 울음과 몸짓을 통해 마음속 감정과 의도를 표출하여 필요한 보살핌을 받는다.

아기는 비록 정확한 언어로 표현할 수는 없지만 웃음소리나 울음소리 같은 다른 소리를 통해 표현한다. 뿐만 아니라 엄마와 눈을 맞추고, 엄마의 표정을 관찰해 모방하면서 복잡한 언어의 사용방법을 학습하고, 점차 이 세상에서 생존할 수 있는 방법들을 터득해간다.

현대사회에서는 교류를 위한 목적을 제외하고는 언어를 통한 소통이든 비언어를 통한 소통이든 두 가지의 소통능력이 사회에서의 생존에 영향을 미친다. 원활한 소통을 통해 삶의 안정을 찾고 불안을 없애보자.

흔히 보이는 사소한 몸짓

손 떨기, 땀 흘리기, 가쁜 호흡

스트레스를 받으면 우리는 심리적 긴장으로 교감신경에 영향을 주고, 근육활동은 물론 내장기관에도 영향을 준다. 이밖에도 음식섭취 부족으로 혈당이 떨어지거나 질병에 걸리면 유사한 반응이 나타난다.

손톱 물어뜯기, 볼펜이나 연필 물기

정신분석적 심리치료의 여러 유파들은 이를 구강기로 보며 덜 성숙했음을 보여주는 것이라고 주장했다. 이러한 몸짓이 현대적인 관점에서는 스트레스를 완화시키기 위해 스트레스를 드러내는 신호가 되었다.

다리 떨기

다리 떨기는 그 사람이 태어날 때부터 가지고 있는 하나의 습관이다. 인류의 진화과정에서 문명이 발전하면서 다양한 예의 규범이 나타나고 신체제어에 대한 요구치가 높아졌다. 우리는 참을 수 없는 상황이거나 마음이 초조해져서 몸에 대한 제어가 느슨해지면 계속해서 다리를 떨게 된다.

쉬지 않고 물을 마시거나 상반신 떨기

마음이 초조하고 주변 사람들의 말에 동의하지 않을 때 이와 같은 반응이 나타나며, 본인의 의지와 달리 앓는 소리를 내는 경우도 있다.

발끝의 방향

화제를 끝내고 싶거나 그 자리를 떠나고 싶을 때 자신도 모르게 발끝이 점점 문 쪽을 향하게 된다.

별 게 다 고민인 사람들을 위한 심리학

다가갈 때 물러서기

인간관계의 경계선은 사람과 사람 사이의 거리를 나타낸다. 만약 당신에게 불만이 있거나 경계심이 있는 사람이라면 당신이 가까이 갈 때 즉각적으로 물러서는 것과 같은 몸의 반응을 보인다. 만약 호감이 있다면 당신이 다가갔을 때 물러서지 않고 약간의 호응이 있을 것이다.

심리학자 폴 에크만(Paul Ekman)의 연구에서는 사소한 몸짓과 표정에 대한 훈련이 충분하지 않으면 다른 사람의 말을 판단하기 어려우며 때로는 진실된 말을 거짓으로 오해할 수도 있다고 밝혔다. 따라서 앞에서 제시한 사소한 몸짓들이 대표성을 갖는 것은 사실이지만 결코 지나치게 해석하지 말아야 불필요한 오해를 줄일 수 있다.

05

입버릇을
고치는 법

사업체를 운영하는 장 대표는 방송사로부터 성공스토리를 들려달라는 섭외요청을 받았다. 장 대표는 이런 쉽지 않은 홍보기회를 얻었으니 미리 명언이라도 준비한다면 좋은 인상을 심어줄 수 있을 것이라 생각했다. 집에서 이 소식을 들은 초등학교에 다니는 아들이 자진해서 아빠와 함께 생각해보고 싶다고 말했다. 장 대표는 흔쾌히 아들의 호의를 받아들이며 아들이 무슨 글귀를 쓸지 호기심 어린 눈으로 지켜봤다.

반나절을 고민하느라 끙끙댔던 장 대표는 아들이 쓴 글귀를 본 순간 어안이 벙벙해졌다. 그 내용은 듣기 좋은 말이 아닌 상당히 편파적인 말들이었다. "맞아요, 안 맞아요? 한 번 말씀해보세요." "다들 아시다시피 나는…" 등과 같은 말이었다. 이 말들은 모두 장 대표가 평상시 입버릇처럼 하는 말이었다. 그 가운데 몇 가지는 장 대표 자신도 아는 것이었고, 몇몇은 자신도 모르게 튀어나오는 말들이었다. 방송 프로그램에서 수시로 튀어나올 입버릇을 피하기 위해 장 대표는 이를 고쳐보기로 마음먹었다.

별 게 다 고민인 사람들을 위한 심리학

입버릇은 왜 생기는 걸까

관용어라 불리기도 하는 입버릇은 인류 언어학습의 산물 가운데 하나로 거의 모든 사람들이 가지고 있다. 입버릇을 이해하려면 우선 인류가 언어를 학습해온 과정에서 그 신비함을 느껴야 한다.

인간은 본능적으로 언어에 대한 인지능력을 가지고 태어난다. 이는 말을 구별하는 것에서부터 문자를 이해하는 것까지를 의미한다. 두 달 된 아기는 '고양이가 호랑이를 잡는다'와 '호랑이가 고양이를 잡는다' 이 두 문장이 다르다는 것을 알아차린다. 2~3세 아이의 90%는 말 표현에

| 입버릇의 종류

일종의 입버릇   감정표출과 성장과정

문법적으로 뚜렷한 문제가 없다. 자라면서 우리의 뇌는 점점 완전해지고 세상에 대해서도 점점 더 많이 알아간다. 우리의 언어능력은 상호 교차하면서 이해하고 표현할 수 있는 내용이 더욱 풍성해진다.

언어는 인류가 세상을 알아가는 열쇠다. 우리는 언어를 통해 세상과 나에 대한 타인의 시선을 알 수 있고 자신을 이해하는 데도 도움을 받는다. 그래서 입버릇은 단순히 말하는 습관일 뿐만 아니라 한 사람의 세계관을 보여준다. 일반적으로 입버릇은 다음과 같이 나눠볼 수 있다.

잠재의식 속의 입버릇

입버릇은 특별한 배경이 있는 경우를 제외하고는 대부분 화법의 습관일 뿐이다. 사람은 누구나 언어적인 습관이 있고, 이런 습관은 뇌 활동의 자동화에서 시작된다.

의식적인 입버릇

고의적으로 쓰는 말을 입버릇이라고 하기는 어렵다. 의식적인 입버릇의 특징은 스스로에게 이런 습관이 있음을 인식하고 있다는 데 있다.

- 감정 표출: '응응'이나 '허허'를 통해서 귀찮다는 걸 표현하듯이 의식적인 입버릇은 감정을 표현하는 데 활용되기도 한다. 도덕성과 이성으로 감정의 직접적인 표현을 억누르다 보니 우리는 자연스럽게 간단하고 습관적인 어투로 자신을 통제하는 것이다. 따라서 입버

별 게 다 고민인 사람들을 위한 심리학

릇의 어감은 그 말 자체보다 해석에 더 큰 의미가 있다.

- 성장과정과 문화표출: 입버릇은 그 사람의 문화적 깊이와 폭을 보여준다. 어떤 사람은 거칠게 말하고, 어떤 사람은 자신이 본받고 싶은 사람의 입버릇을 따라 하며, 이중 언어문화에서 살아온 사람은 두 가지 언어를 하나의 문화환경에 섞어둔다. 예를 들어 프랑스에서 돌아온 친구는 늘 "C'est la vie!(이게 바로 인생이야!)"라는 말을 한다. 한편으로는 프랑스어에 능통하다는 것을 보여주면서 다른 한편으로는 프랑스에서 만난 어떤 친구의 인생관에 대한 동의를 표현하는 것이다.

입버릇을 고치는 소소한 방법

언어학습의 과정은 그 사람이 성장해온 세계관을 반영한다. 언어습관을 통해 자신과 세상에 대한 견해를 밝히는 것이다. 이 원리를 바탕으로 입버릇을 고치기 위해 다음과 같이 해볼 수 있다.

자신의 입버릇 파악하기

자신의 입버릇이 어떤지 모른다면 고치려고 해도 고칠 수 없다. 평상시 말하는 과정을 영상으로 찍거나 녹음해보면 자신의 입버릇을 알 수 있다. 그중에는 의식적인 것이 있고, 무의식적으로 나오는 것도 있다.

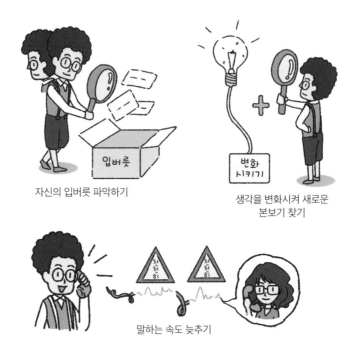

자신의 입버릇 파악하기

생각을 변화시켜 새로운
본보기 찾기

말하는 속도 늦추기

유형별 입버릇 고치기

- 의식적인 입버릇: 입버릇이 나오는 상황을 찾아 생각의 방법을 바꿔야 한다. 예를 들어 문장의 말미에 '맞아!', '아주 좋아!'라는 말을 달고 사는 사람은 누군가를 설득하고자 하는 의도가 있는 것이다. 어떤 주제는 남을 설득할 필요가 없을 수도 있다. 그런 경우라면 유사한 상황이 왔을 때 스스로 남을 설득하겠다는 생각을 버리려고 노력한다면 점차 입버릇을 고칠 수 있다.

- 무의식적인 입버릇: 입버릇은 환경이 알게 모르게 우리에게 미치는 영향을 반영한다. 그러므로 우리 주변에서 새로운 모델을 찾아야 한다. 별다른 입버릇이 없는 친구와 대화를 하는 것도 좋고, 품격 있고 정확한 방송을 듣거나 텍스트를 낭독해보는 것도 좋은 방법이 될 수 있다.

말하는 속도 늦추기

입버릇이 하루아침에 만들어지는 것이 아니듯, 하루아침에 고칠 수 있는 것도 아니다. 지나치게 스트레스를 받지 말고 천천히 고쳐나가면 된다. 특히 대화를 나눌 때 말하는 속도를 늦춘다면 자신의 말을 좀 더 정확히 듣고 그 내용을 파악할 수 있다.

☼ 심리학 조언

모든 사람에게는 정도의 차이만 있을 뿐 저마다의 입버릇이 있다. 입버릇으로 인해 사회생활에 큰 문제가 생기지 않는다면 굳이 고칠 필요는 없다. 때로는 입버릇이 그 사람의 특징을 보여주기도 하는 만큼 입버릇을 고치는 것이 오히려 개성을 잃는 일이 될 수도 있다.

06

작은 일에 더 이상
상처받지 않는 법

샤오페이는 늘 지각이다. 같은 사무실에서 일하는 샤오즈와 연애를 시작한 후로는 지각이 더 잦아졌다. 이런 상황이 괴로운 샤오페이는 심리상담사에게 도움을 청하기로 했다. 본래 샤오페이는 자신의 상황을 미루는 습관 때문이라고 생각했지만 세심히 살펴보고 분석한 결과 '주변에서 벌어지는 아주 사소한 일들이 모두 자신에게서 시작된다는 생각'으로 인한 괴로움이 원인이었다. 탕비실에서 동료들이 잡담을 주고받는 걸 보면 자신의 옷차림이 이상한지, 일처리가 부족했는지, 아니면 무슨 실수라도 했는지를 고민한다. 그래서 매일 아침 출근하기 전부터 마음속으로 온갖 생각을 하느라 많은 시간을 할애한다.

샤오즈를 알게 된 후 스트레스는 더 커졌다. 샤오즈가 메신저 답장이라도 하지 않는 날이면 불안한 마음에 그를 어떻게 봐야 할지 모를 만큼 초조해진다. 샤오페이는 병이 아니다. 단지 민감해서 불필요한 불안과 초조함을 과하게 느끼는 것이다.

왜 민감한 것일까

마음을 불편하게 하는 원인은 아주 많다. 그중 한 가지가 바로 민감함이다. 간단히 말해서 모든 일을 의심하고 생각이 지나치게 많은 것이다. 일반 사람들은 민감함에 대해 잘 모른다. 미국의 심리학자 일레인 아론(Elaine N. Aron)은 심리학적 민감함이란 '매우 민감함(Highly Sensitive)'을 의미한다고 했다. 모든 사람들은 정도만 다를 뿐이지 모두 민감하다. 또 감정을 불러일으키는 민감함의 원천 역시 개인마다 조금씩 다르다. 이러한 민감함은 두 부분에서 온다.

하나는 자신이 민감한 것이다. 자신이 민감한 까닭에 특정한 고민이 마음을 불편하게 만들고 심지어 장시간 이어지면서 심리건강 전반에 부정적인 영향을 미친다.

다른 하나는 타인과 연관된 민감함이다. 예컨대 연인관계에서 안정감을 느끼지 못하는 여자는 늘 연인을 원망하고, 연인에게 답장이 없거나 옷차림에 아주 작은 변화만 있어도 온몸에 민감한 센서를 장착한 듯여지없이 의심의 눈초리를 보낸다.

민감함을 낮추고 삶의 질을 높이자

그렇다면 우리는 어떻게 자신의 민감함을 끌어내어 민감함이 우리 자신과 타인에게 방해가 되지 않도록 할 수 있을까?

글로 써본다

어떤 문제로 고민할 때 그것을 구체화하면 문제를 좀 더 분명하게 살펴볼 수 있고 쉽게 해결할 수 있다. 심리학에서 말하는 이야기 치료 (Narrative Therapy)는 이런 생각을 바탕으로 진행된다. 글을 쓰면서 '내재된 사고의 외재적 구체화'를 이루는 것이다. 따라서 우리가 어떤 사건을 보고 마음이 불안해졌다면 당시 상황을 봤을 때의 느낌을 글로 적

| 민감함을 줄이는 법

글쓰기 시도

많이 질문하고 많이 대화하기

민감함과의 동행

어 자신이 무엇을 썼는지 살펴볼 수 있다.

이렇게 하면 우리의 반응시간을 늘릴 수 있기 때문에 완전한 상황을 이해하지 못해서 생기는 부적절한 반응을 피할 수 있다. 오랜 시간 쌓아온 글쓰기 기록은 우리의 사고방식을 파악하는 데 도움이 되고, 우리가 어떤 특정한 사물이나 사람에 대해 특히 더 민감한지를 알 수 있으므로 그 원인을 찾아 대응방안을 모색할 수 있다.

많이 질문하고 많이 대화한다

종종 주변 사람들이 당신을 달가워하지 않는다고 느끼는 것은 조명효과(Spotlight Effects)가 계속해서 발휘되고 있기 때문일 수도 있다.

아무도 나만큼 나에게 주목하지 않는다. 때로 우리는 자신과 관련된 문제라면 별거 아닌 일도 큰일처럼 생각한다. 우리가 체면을 구기는 일을 당해도 다른 사람들이 관심을 가질 것이라고 생각하지만 사실 그렇지 않다. 당시에는 관심이 있었을지 몰라도 금세 잊고 만다.

사실 모두가 당신과 다르지 않다. 다만 자신이 비호감이라는 이유로 느끼는 수치심이라면 그 배후에 객관적인 증거가 있어야 할 것이다. 만약 이해해보고 싶다면 최대한 당시 상황으로 복원해야 한다. 그렇지 않고 자기 생각대로만 상황을 떠올린다면 결국 혼자만의 착각 속에 빠져 실제와는 동떨어진 채 혼란스러워질 뿐이다.

그러므로 민감한 생각이 들면 그 생각의 사실 여부부터 확인하고, 판단을 내리기에 앞서 상대방에게 많이 묻고, 함께 대화도 나누면서 일의 인과관계를 파악해야 한다. 그래야만 자신의 민감한 생각에 대한 이성적인 답을 얻고 마음속 불안감을 떨칠 수 있다.

성숙해지면 민감함도 성숙해진다

우리가 선천적으로 민감한 것을 자신의 불행의 핑계로 삼는다면 자신의 운명을 변화시킬 능력도 평가절하할 수 있다.

연구에 따르면 선천적인 유전자 특징으로 인해 민감하게 태어났다 하더라도 가정교육과 사회환경이 그 사람의 민감함과 외부사물에 대한 호기심, 또는 불안감에 영향을 미친다. IQ가 높은 사람 가운데서도 어떤 사람은 사기를 치고, 또 어떤 사람은 사회발전에 이바지한다. 비록 선천적인 요소가 있더라도 민감함이 우리 마음속의 응어리가 될지, 삶의 아름다움을 관찰하는 능력이 될지는 우리가 어떻게 성장하느냐에 달려 있다.

심리학 조언

민감하지만 지혜로운 사람이 되면 민감함은 타인과 자신의 발전을 위한 동력이 될 수 있다. 인격의 다른 부분들처럼 민감함도 후천적으로 체득한다면 우리의 발전에 유익할 것이다.

07

스트레스에서 벗어나는 법

영화 〈킹스 스피치(The King's Speech)〉는 심각하게 말을 더듬는 영국 왕 조지 6세가 언어치료사의 도움으로 심리적 장애를 극복하고 대중 앞에서 심금을 울리는 연설을 하는 내용을 담았다.

회사에 다니는 샤오마이는 중요한 손님 앞에만 서면 말을 더듬는 정도까지는 아니지만 머릿속이 하얗게 되어 아무것도 할 수가 없었다. 사실 샤오마이는 올해 초 중요한 자리를 계획하고 있었다. 바로 여자친구를 부모님께 소개하고 새해를 보낼 생각이었다. 그래서 여러 가지 부정적인 생각들을 머릿속에서 지워가며 자신감을 쌓고 여자친구와도 매우잘 지내고 있었다.

하지만 점점 더 불안해졌다. 머릿속에서는 이겨낼지 아님 도망갈지 둘 중 무엇을 선택해도 옳지 않다는 생각이 들었다. 그저 다른 방법을 통해 일이나 감정적인 부분에서 용기 있게 해결함으로써 유감스러운 일을 피할 수 있기만을 바랄 뿐이다.

스트레스와 부정적인 감정의 공존

스트레스와 부정적인 감정은 늘 공존한다. 스트레스는 부정적인 감정을 불러일으키고 그 감정으로 스트레스는 가중된다. 부정적인 감정은 삶의 긍정적인 동력이 부족하기 때문이다.

회의에서의 브리핑을 준비하는 과정과 마찬가지로 우리는 이미 정해진 계획대로 하나하나 해결해나가야 한다. 하지만 충분한 동력이 없다면 앞으로 나아갈 수 없고, 계속해서 가다 서다를 반복하며 미루기 위한 구실을 찾게 된다. 스스로 구실을 찾으면서도 자책하는 것이다. 아마도 일정 기간 휴식을 취하면서 브리핑을 잘 해낼 수 있는 힘을 다시

| 스트레스와 부정적인 감정

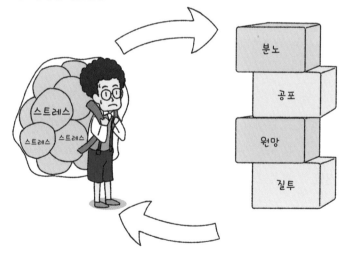

충전할 것이다. 어쩌면 우리를 위해 중도에 포기할 수도 있다. 부정적인 감정 가운데 자주 논의되는 분노, 공포, 원망, 질투 등의 감정이 가리키는 것은 감정적인 반응만이 아니라 마음에 대한 스스로의 공격이다. 심리학에는 '무(無)가치의 법칙'이라는 것이 있다. 지금 해야 할 일이 가치가 없다고 여겨지면 대부분 열심히 하지 않는 것이다.

부정적인 감정은 이렇게 내적으로 작용한다. 표면적으로 어떤 일이 썩 내키지 않을 때 우리는 실제로 '이 일은 그리 중요하지 않아', '안 해도 크게 상관없어'라는 핑계로 스트레스를 내려놓는다. 때로는 이와 함께 부정적인 감정을 말을 통해 외부로 발산함으로써 우리가 세상에 분노하고 화가 났다는 것을 알린다. 부정적인 대응, 차가운 냉소나 조소를 면접 등과 같은 인간관계가 이어지는 장소에서 드러내면 부정적이고 불쾌한 인상을 남길 수 있다.

(!)

부정적인 감정 앞에서 스트레스 줄이는 법

부정적인 감정에 대해 심리학자 윌리엄 글래서(William Glasser)는 자신의 책《현실치료(Reality Therapy)》에서 다음의 치료과정을 거친다면 스트레스를 조금씩 해소할 수 있다고 밝혔다.

부정적인 감정 뒤에 숨겨진 욕구 파악하기

의미 있는 인생 찾기

배우고, 배우고, 또 배우기

부정적인 감정 뒤에 숨겨진 욕구 파악하기

마음속에 부정적인 감정이 생기는 것은 잘못된 일이 아니다. 봄이 오고 가을이 오면 슬픔을 느끼는 것은 타고난 성향으로 자신의 내적 욕구를 의식하게 만든다. 부정적인 감정을 직접 대면하면서 우리는 비로소 자신에게 부족한 무언가와 앞으로 나아가야 할 목표를 찾을 수 있다. 하지만 우리가 욕구표현 자체를 도덕적 규범으로 엄격하게 속박한다면 우리 마음속 니즈를 파악하기도 전에 스스로를 질책하고 자신의 욕구를 방임하게 된다. 이는 자신을 지나치게 옭아매는 사람에게서 자주 나타난다.

의미 있는 인생 찾기

의미치료(Logotherapy)의 창시자인 빅터 프랭클(Viktor Frankl)은 수용소에서 사람들이 살아남을 수 있었던 것은 그들이 자신의 삶에 상당히 큰 의미를 부여했으며, 긴 고통을 성장과정이라고 여겼기 때문이라는 사실을 발견했다.

우리가 브리핑 때문에 긴장하는 것은 이를 일의 일부로만 여길 뿐 자아실현이라고는 생각하지 않기 때문이다. 우리는 스스로의 성장기록을 남길 필요가 있다. 예를 들어 '오늘 중점 내용 세 가지를 분명히 말하겠어', '오늘은 최근 독서회에서 배운 도표를 활용해야지'와 같은 기록은 모든 브리핑을 자아발전을 위한 작은 게임으로 탈바꿈시킬 수 있다.

배우고, 배우고, 또 배우기

현실치료의 창안자 윌리엄 글래서는 우리가 마음속의 모든 걱정과 불안을 완벽하게 털어낼 수는 없지만 새로운 행위를 학습하면서 생활의 즐거움을 조금씩 받아들일 수는 있다고 말했다.

부정적인 감정의 근원은 우리 자신이 아니라 이 일을 잘 해내고 싶은 마음이다. 하지만 지나치게 긍정적인 생각은 현실과의 괴리감을 낳아 오히려 부정적인 감정을 불러일으킬 수 있으며 목표실현이 가져오는 스트레스를 가중시킬 수 있다.

08

인사를 잘하면
복이 와요?

프랑스에서 글을 쓰던 시절 처음에는 모임장소에 나가는 것이 영 어색했다. 한 번은 어떤 소녀가 내 볼에 입맞춤을 해줬는데, 마치 전날 마라톤을 뛰었을 때처럼 온몸이 경직되어 어떻게 해야 할지를 몰랐던 적이 있었다. 문화마다 인사법은 다 다르다. 사회생활의 기본이기도 한 인사를 두고 어떤 사람들은 해야 할지 말아야 할지를 고민한다.

친구 아이룬은 중견기업의 기획실에서 근무하는데 그에게 가장 난처한 시간은 다름 아닌 로비에서 엘리베이터를 탈 때라고 한다. 엘리베이터를 타고 내리면서 마주치는 수많은 얼굴 가운데 아는 사람은 그나마 낫지만 잘 모르는 사람이 타면 모두들 시선을 어디에 두어야 할지 몰라 하기 때문이다.

인사의 심리효과

인사에는 여러 가지 장점이 있다. 사회생활의 일부분인 인사는 긍정적

이미지 만들기

사회생활의 걱정 덜기

에너지 소모 줄이기

인 작용을 통해 쌍방의 상호작용을 촉진한다. 인사를 하면 서로 적대감을 없애고 친밀감을 높일 수 있어서 안정감을 준다.

또한 인사는 개인의 이미지에 도움이 된다. 장기적으로 볼 때 인사는 개인의 이미지를 만드는 좋은 방법 중 하나다. 명함을 내밀 듯 우리는 자신이 인정하는 신분을 표현한다. 상대방 역시 우리의 소개를 받아들인다. 미국의 심리학자 에리카 칼슨(Erika Carlson)은 연구에서 다른 사람이 자신을 어떻게 인지하고 있는지를 통해 자아를 인정한다는 사실을 발견했다. 이 인지는 정확하지 않으며 우리가 스스로 인지하고 있는 내용에 부합하기만 하면 된다. 예를 들어 윤주는 머리 스타일을 바꾸고 나서 평소 마음에 품고 있던 동료와 우연히 마주쳤다. 동료가 그녀에게 미소를 지으며 고개를 숙이자, 윤주는 마음속으로 '오! 내 머리 스타일이 바뀐 걸 그가 알아차린 거야'라고 생각했다. 이런 생각으로 동료에 대한 호감이 높아졌을 수는 있지만 사실 그 동료는 예의상 미소를 지은 것뿐이다.

인사의 또 다른 장점은 우리의 사회생활에 대한 걱정을 덜 수 있다는 점이다. 전화를 하며 "여보세요!"라고 하거나 메일을 보내면서 '안녕하세요!'라고 하는 고정된 인사법은 우리가 사회생활을 하고 있다는 것을 알려줌으로써 마음의 준비시간을 준다. 갑작스럽게 손님을 맞으면 정리 안 된 방이 그대로 드러날까 봐 노심초사하고, 차마 입 밖으로 낼 수 없지만 상대방에게 불만이 생길 수 있다. 인사를 한다는 것은 방문 전에 미리 알려 서로가 자신을 가다듬을 시간을 갖고 편안한 마음으로 만나는 것과 같다. 고정된 격식의 인사는 서로 무슨 말을 해야 할지 몰라 적막만 흐르는 상황을 피할 수 있다. 예를 들어 엘리베이터에서 동료를 만나면 무슨 말을 해야 할지 몰라서 못 본 척하기도 한다. 인사는 '나는 당신을 봤습니다'라는 의사표현과 같다. 그럼 자연스럽게 난처한 상황을 모면할 수 있다.

지정된 인사형식은 우리 생활의 일부가 되었다. 표면적으로 의미 없는 듯 보이지만 인사를 하지 않으면 오히려 길을 잃을지도 모른다. 어쩌면 어떠한 생활습관이 고착화되면 우리 삶의 질을 높여줄지도 모른다. 예를 들어 아침에 두 이웃이 만나 하는 이야기를 옆에서 듣고 있노라면 매우 공허하게 느껴지거나, 이런 대화가 왜 필요한지에 대해 의문을 품을 수 있다. 사실 그들이 하는 인사의 대부분은 "밥 먹었어?", "오늘 날씨 좋다"와 같이 별 특별할 게 없기 때문이다. 하지만 이 잠깐의 인사만으로도 두 노인은 '오늘도 역시 아름다운 하루군!'이라는 느낌을 받을 수 있다.

인사에도 주의가 필요하다

인사의 장점이 이렇게나 많은데 인사법을 모른다면 어떻게 해야 할까? 다음은 심리학자가 전하는 인사의 비결이니 모두 집에서 연습해보면 좋을 듯싶다.

질문하거나 도움 청하기

"뚜껑 여는 것 좀 도와주시겠어요?"처럼 단순히 도움을 청하는 것은 타인의 적대감을 줄일 수 있지만 지나친 요구를 한다면 반감을 살 수도 있다. 예를 들어 보자마자 돈을 요구한다면 결코 인사를 위한 좋은 방법이라고 볼 수 없다. 더 간단한 방식이 바로 질문이다. 질문은 사교적 속성을 품은 일종의 초대다. 그래서 서로의 친근감을 더할 수 있다. 새

질문하거나 도움 청하기

긍정적인 생각 말하기

단순한 인사

미소 짓기

로운 친구와 교류를 시작할 때 질문하는 것이 관계발전에 유익한 이유
가 바로 여기에 있다.

긍정적인 생각 말하기

긍정적인 생각을 말하는 것 역시 좋은 인사법이다. 가령 "오늘 날씨가
정말 좋군요!" 또는 "샤오왕, 오늘 의상이 예쁘네요!"와 같은 긍정적인
견해는 인사의 우호적인 의도를 증진시킨다.

인사를 단순하게 생각하기

만약 인사에 너무 큰 의미를 부여하고 지나치게 많은 뒷일을 생각하면 인사로 인해 스트레스를 받게 된다. 인사를 단순하게 생각하고 부담 없이 하도록 하자.

미소 짓기

인사하는 법을 몰라 어떻게 해야 할지 모르겠다면 미소를 머금고 친근한 인상을 줄 수 있도록 해보자.

심리학 조언

따뜻한 말 한마디는 엄동설한의 추위도 따스하게 느껴진다. 한마디 안부 인사는 자신과 타인의 마음에 기쁨이 될 수 있다. 인사 하나로 생활이 더욱 아름다워지는데 굳이 안 할 이유가 어디 있겠는가.

별 게 다 고민인 사람들을 위한 심리학

09

우유부단한 성격으로
미움을 사는 당신이라면?

장 선생은 심리상담 약속을 잡았다. 하지만 그는 상담에 많은 의문을 품으며 여러 문제를 제기하면서 다른 상담사들과 솔직하게 비교해보았다. 그럼에도 줄곧 결정을 내리지 못했다. 장 선생에게는 해결하고 싶은 고민이 있다. 바로 쉽사리 결정을 내리지 못하는 점이다. 어린 시절부터 지금까지 모든 선택을 할 때마다 다른 사람의 도움을 받았다. 중고등학교를 다닐 때도 대학을 갈 때도 심지어 과를 선택할 때도 다른 사람들의 의견을 따랐다. 패기 넘치고 가슴에 열정이 있을 30대가 되어서도 집에서 맺어준 사람과 만났다. 장 선생은 약속을 잡기 전에 계획을 세우는 것이 서툴렀다. 하지만 데이트는 많은 선택과 연결되어 있었다. 밥을 먹을지, 영화를 볼지, 또 영화를 본다면 어떤 영화를 볼지 등의 문제들이 줄줄이 사탕처럼 연결되었다. 연애의 스트레스가 너무 크게 느껴졌지만 당시에는 홀로 외로운 생활을 보내는 것이 싫었다.

최근 장 선생이 졸업한 고등학교에서는 동창회를 열기 위해 그와 함께 의견을 나눴다. 장 선생은 모든 부분에서 "좋을 대로!"라는 말만 할 뿐이었고, 점점 아무도 그의 의견을 묻지 않게 되었다.

당신도 선택장애인가

칭화대 심리학과 펑카이핑(彭凱平) 교수는 현대인이 풍요로운 자원과 무수한 선택지 속에 살면서도 종종 선택지가 없는 상태에 빠지는 기묘한 선택의 어려움 속에 살고 있다고 말한 바 있다.

우유부단함은 펑카이핑 교수가 말한 것처럼 선택의 여지가 없는 것이 아니라 어떻게 선택해야 할지 모르는 선택장애다.

우유부단함의 원인

미국의 심리학자 배리 슈워츠(Barry Schwartz)는 우유부단함이 주로 다음의 심리적 어려움에서 나타난다고 분석했다.

완벽주의

완벽주의는 늘 극단적인 목표와 매우 엄격한 계획을 세운다. 하지만 완벽해 보이는 계획은 상상 속에서나 실현 가능할 뿐 현실에서는 숱한 문제에 부딪혀 불가능한 경우가 많다. 완벽주의자의 경우 모든 차등의 선택이 충분히 완벽하지 않은 경우 이를 받아들이지 못한다. 그러다 보니 마지막에는 아예 선택을 포기하기도 한다.

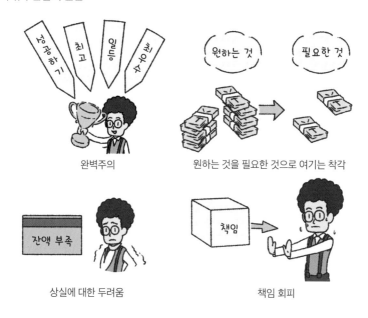

성공하기 최고 일등 최우수

완벽주의

원하는 것 → 필요한 것

원하는 것을 필요한 것으로 여기는 착각

잔액 부족

상실에 대한 두려움

책임 →

책임 회피

원하는 것을 필요한 것으로 여기는 착각

우리는 더 많은 선택이 우리를 더 기쁘게 한다고 착각한다. 사실은 선택지가 일정 수준을 넘어서는 순간 우리는 선택적 어려움을 겪게 된다. 왜냐하면 이런 선택들을 인지하는 것은 우리 마음속 에너지를 소진하는 것이기 때문이다.

상실에 대한 두려움

모든 사람의 마음속에는 계좌가 있다. 만족도와 고통 등 내적인 느낌으로 득과 실을 계산하고 결정한다. 매번 취사선택은 이 계좌를 이용해 수지타산을 맞추는데 손실이 두려워지는 순간 결정을 내리기가 어려워진다. 더 안타까운 것은 일부 비용은 이미 지불했지만 결국엔 아무 소득이 없는데도 미련을 못 버리고 새로운 결정도 하지 못하는 경우다.

책임회피

모든 선택의 배후에는 그에 상응하는 책임이 뒤따른다. 우리가 선택의 결과에 대해 책임지길 원하지 않는다면 선택의 권리를 포기하는 것과 같다.

쉽게 결정하는 방법 ⃝!

우유부단함에서 벗어나고 싶은 이들에게 슈워츠는 선택의 비결을 제시했다. 만약 우리가 이 방법을 따라 할 수 있다면 선택은 훨씬 더 쉬워질 것이다.

만족스러운 선택방법 배우기

수많은 선택지 앞에서 선택항목들에 따르다 보면 피동적으로 그 안에서 선택할 수밖에 없다. 진정한 선택은 넘치는 선택으로 우리를 어렵게 하는 것이 아니라 우리의 니즈에 부합하는 것이다.

비교하지 않기

생활 속에서 누군가는 우리에게 무엇이 가장 적합한지 알려준다. 사실 이는 비교행위를 심화시켜 지나친 비교를 하게 만든다. 이런 비교의 결과는 우리의 만족도를 낮출 뿐만 아니라 자신의 생각에 대한 의구심을 품게 함으로써 우유부단하게 만든다. 두 곳에서 일할 기회가 생겼는데 친한 친구의 여러 의견을 들으며 결정을 미루다가 결국 두 가지 일 모두를 놓쳐버리는 경우가 그러한 예다.

선택의 한계 파악하기

이 한계를 나쁜 것으로만 본다면 우리는 제한적인 선택을 할 수 없다. 실제로 적당한 한계선은 필요하다. 사회규범과 법률처럼 부분적인 자유를 제한함으로써 안전한 자유를 보장받을 수 있는 것처럼 말이다. 마찬가지로 우리의 선택에 다소 제약이 있을 경우가 오히려 선택 이후의 일에 더욱 집중할 수 있으며 하나하나 잘해나갈 수 있기도 하다.

복잡한 연애고민,
심리학으로 타파!

연애란 아름답고 달콤하지만
또 복잡하고도 갈등이 끊이지 않는다.
서로를 알아가고, 연애를 하고 결혼을 하거나
혹은 이별을 하기까지 각양각색의 고민과
쉽지 않은 순간들이 닥친다.
지금부터 연애과정에서 발생하는
여러 고민에 대해 짚어보려 한다.
자, 이제 함께 고민하며 해법을 찾아보자.

01 관계개선을 위한 효과적인 방법

모태솔로인 주디는 최근 6개월 동안 한 남자를 좋아했다. 그들은 거의 매일같이 만나며 종종 영화도 보고 커피도 마셨다. 주디는 연애를 하고 있다고 생각했지만 관계에 대한 확신은 없었다. 친구들에게 물어보니 대답이 제각각이었다. 누구는 용감하게 대시를 해보라고 했고 누구는 슬쩍 신호를 보내라고 했으며, 또 다른 누군가는 고백하지 못하는 남자는 분명 무슨 문제가 있는 것이라고 했다.

더 심란해진 주디는 아버지에게 조언을 구했고 아버지는 다음과 같은 이야기를 해주셨다. "연애는 좋아하는 감정만으로 되는 게 아니란다." 둘의 관계는 이렇게 지지부진하기만 했다.

그러던 어느 날 남자는 주디에게 새해에는 본가로 돌아가 부모님이 소개해주는 여자와 만날 것이라고 했다. 주디는 경악을 금치 못했고 오늘 퇴근 후 남자에게 고백해야겠다고 마음먹었다. 하지만 무슨 말부터 어떻게 꺼내야 할지 도무지 갈피를 잡기가 어렵다.

별 게 다 고민인 사람들을 위한 심리학

사랑의 단계

일반적으로 사랑이 깊어지는 데는 몇 가지 단계가 필요하다. 물론 동서양의 차이는 있겠지만 대체적으로 다음과 같다.

Step 1. 인식

이 단계는 첫인상과 초기의 인상으로 구분된다. 첫인상은 처음 만났을 때 서로의 감정이다. 어떤 사람들은 첫눈에 반하기도 하고, 또 어떤 사람들은 첫 만남에서는 서로 깊은 인상을 받지 못하기도 한다. 하지만 만남을 이어가면서 점점 호감이 생기거나 더 많은 접촉기회를 배제하지 않는다면 다음 단계에 진입할 수 있다.

Step 2. 데이트

데이트는 서로를 좀 더 알아가는 단계로, 마음과 실질적인 교류가 더 많이 이루어지며 소위 평가단계라고 할 수 있다.

Step 3. 애매모호한 관계(썸)

관계가 확정되지는 않았지만 상대방을 교제대상으로 고려하고 있는 단계다. 이때 우리는 기회비용이라는 문제에 대해 더 많이 고민한다. 계속 에너지를 쏟을 것인지 그만 만날지를 고민하는 것이다. 더 나은 조건의 누군가가 있기 때문이다. 썸의 단계는 비교적 길고 대게 데이드

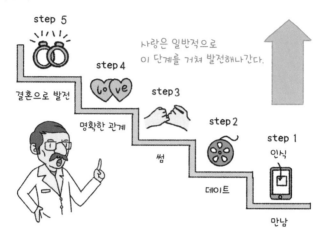

단계와 함께 진행된다. 어떤 사람들은 이 단계를 매우 즐기지만 앞으로 더 만날지에 대해 두 사람의 의견에 차이가 있다면 이 단계에서 헤어지는 비율이 상대적으로 높다.

Step 4. 관계 확정

앞의 세 단계를 지나 정식으로 연인관계가 되면 일반적으로 관계를 명확하게 밝힌다. 관계가 명확해지면 두 사람이 연인이라는 것과 함께 책임의식이 동반되어야 한다.

Step 5. 결혼으로 발전

두 사람이 데이트에서 결혼과 같은 깊은 단계로 발전하는 것이다. 그래서 새로운 관계라는 계약을 체결하는 것이다. 우리는 마음속으로 좋아하는 대상과의 관계를 좋은 방향으로 이끌고 싶을 때 관계를 확정 짓고 싶어 한다. 어떤 사람들은 데이트에 큰 의미를 두지 않기도 한다. 하지만 또 다른 부류의 사람들은 소개팅으로 배우자를 만나는 것에 알아가는 단계와 데이트라는 이중적 의미를 둔다. 또한 애매한 단계를 건너뛰고 곧바로 관계를 명확히 하고 미래를 계획하기도 한다. 어떤 부류든 관계를 명확하게 하기 위한 첫 번째는 분명하게 말하는 것이다.

관계를 확실히 하는 방법

관계를 확실히 하는 데에는 두 가지 의미가 있다. 하나는 애매한 관계를 분명히 하여 서로에게 어떤 존재인지 인식시키는 것이고, 다른 하나는 바로잡는 것이다. 이 역시 두 사람이 친구 사이로 남을 것인지 명확한 결혼 상대자인지 분명히 하는 것이다. 만약 전자라면 관계정리는 아주 간단하다. 분명히 말하면 그만일 뿐이다. 하지만 후자라면 명확히 말하기 전에 다음과 같은 준비가 선행되어야 한다.

자신의 감정 확실히 하기

관계를 분명히 하기 전에 우리는 자신이 이 사람을 사랑하는지, 아니면 그저 포기하기 싫은 사람인지를 분명히 해야 한다. 당신에게 필요한 과계는 결혼을 목적으로 사귀는 것인가 아니면 단순한 연인관계인가? 관계를 명확히 하는 것도 일이고, 그 관계에서 벗어나는 것도 일이다. 자신이 원하는 것이 무엇인지 분명히 하고 싶다면 바로잡아야만 의미가 있다.

상대방 마음 알기

어떤 관계든 관계는 서로 간의 약속이다. 만약 상대방과 명확한 관계로 이어지고 싶다면 상대방의 마음을 알아야 한다. 대부분의 관계는 관계를 명확히 하기 전부터 이미 매우 분명하다. 만약 상대방이 당신을 교제대상으로 생각하지 않는다면 물어보는 것조차 불필요하다. 과감히 포기할 수 있어야 기본적으로 존중하는 관계를 유지할 수 있다.

| 관계 명확히 하기

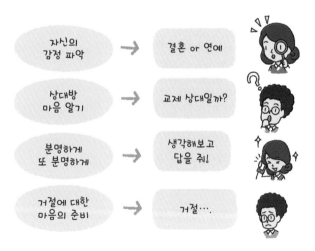

별 게 다 고민인 사람들을 위한 심리학

분명하게 직접적으로 밝히기

시적인 고백은 상대방이 이해하지 못하거나 애매함만 남길 수 있다. 단도직입적으로 명확하게 말하면 그만이다. 만약 상대방이 답을 했다면 연애감정이 지속될 수 있다. 하지만 상대방이 머뭇거린다면 명확한 기간을 정할 필요가 있다. 정해둔 기간 내에 상대방과 자신에게 답을 주어 애매한 관계가 지속되지 않도록 한다. 청춘은 짧다. 일방적인 생각은 종종 더 큰 상처를 만들기도 한다.

거절에 대한 마음의 준비

우리는 누군가에게 반드시 우리와 함께하라고 강요할 권리가 없다. 사람은 득과 실의 문제가 아니므로 얻지 못하면 손해일 뿐이라는 생각은 옳지 않다.

사랑이라는 학문은 평생 공부가 필요하다. 설사 실수를 했더라도 그 안에서 자신과 사랑 그리고 인생에 대해 충분히 배울 수 있다면 그것이 바로 수확이다.

⁂ 심리학 조언

바로잡기는 시작이지 끝이 아니다. 결국 바로잡는다는 것은 두 사람 관계의 돌파구일 뿐이다. 앞으로 어떻게 마주하느냐가 바로 진정한 사랑을 위해 풀어야 할 과제다.

02

첫 데이트,
뭘 신경 써야 할까?

이판과 샤오판은 광저우에서 함께 살고 있는 남매다. 누나 이판은 패션 브랜드 회사에서 일하고, 동생 샤오판은 아르바이트를 하며 대학에 다니고 있다. 밸런타인데이에 퇴근하려면 아직 두 시간이나 남았는데 이판의 마음은 벌써부터 한껏 들떠 있다. 지난주 사내활동을 하며 호감을 갖고 있던 선배에게 몇 마디 건넸는데 이틀이 지난 후 선배가 갑자기 밸런타인데이에 함께 저녁 먹고 영화를 보자고 청해왔기 때문이다. 사회생활을 시작한 후 처음 있는 이성과의 데이트인 셈이다.

짚신도 짝이 있다고 샤오판도 밸런타인데이를 맞아 그동안 좋아해온 학교 후배에게 용기를 내 영화 데이트를 신청했다. 샤오판은 열심히 공부만 하는 학생이었다. 오늘은 그의 인생 첫 데이트가 될 것이다. 성별과 나이를 불문하고 이판과 샤오판은 첫 데이트를 앞두고 떨리는 마음을 주체하기 힘들다.

첫 데이트, 왜 이렇게 긴장되는 걸까

첫 데이트는 한 사람의 성장과정에서 매우 중요한 일이다. 데이트는 교제의 가능성을 내포하고 있기 때문이다. 어떤 사람은 데이트에 큰 의미를 부여하고, 또 어떤 사람은 데이트를 그저 대화를 나누는 정도로 생각하기도 한다. 어떤 마음가짐을 갖고 있던 첫 데이트가 긴장되는 것은 부인할 수 없는 사실이다. 그 원인을 살펴보면 아직 익숙하지 않은 사회교류를 시작하는 것이고, 배후에는 심리적 동기가 작용하고 있기 때문이다.

이에 대해 심리학자 제러미 니콜슨(Jeremy Nicholson)은 데이트를 하기 전 긴장하는 것은 데이트가 표면적으로는 두 사람 사이의 단순한 교류로 보이지만 그 배후에는 사회적 교류 메커니즘이 작용하고 있기 때문이라고 말했다. 니콜슨은 사회적 교류이론을 통해 데이트 과정에서 흔히 볼 수 있는 사회적 교류의 세 가지 면을 분석했다.

소비효용 계산하기

이번 데이트에서 얼마를 지출하고, 얼마를 얻을 것인지 계산하는 것이다. 가장 간단한 것은 레스토랑 선택이다. 만약 이번 데이트 이후 그리 좋은 관계로 발전하기 어려울 것 같다면 일반적인 레스토랑을 선택하는 반면, 마음속으로 흠모하던 사람과의 식사라면 비용이 좀 들더라도 마다하지 않을 것이다.

기대치 효과

데이트를 하기 전 과연 이 관계가 우리의 기대에 부합할지 고민해본다. 기대가 높을수록 만족도는 낮고, 기대가 낮을수록 만족도는 높아지기 마련이다. 만약 우리가 만나기 전에 상대방의 조건을 따져봤고 결과적으로 상대방이 자신의 기준에 부합하지 않는다면 그 데이트는 가시방석이 따로 없을 것이다. 반면 '새로운 친구를 만나는 만큼 좋고 나쁘고는 크게 중요하지 않다'라는 가벼운 마음으로 만난다면 더 만족스러운 데이트가 될 수 있다.

| 긴장되는 첫 데이트

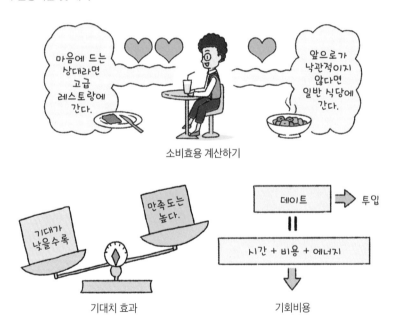

소비효용 계산하기

기대치 효과

기회비용

별 게 다 고민인 사람들을 위한 심리학

기회비용

데이트를 하기 전 우리는 오늘 데이트에 할애해야 할 시간, 비용 등을 계산하고 다른 사람을 만나는 것이 더 나은지에 대해 고민해봐야 한다. 혹시 마음속에 잠재적인 데이트 상대가 있거나 눈앞의 사람에게 확신이 없다면 우리는 그 사람과의 데이트에 대한 득과 실을 따져볼 것이다.

첫 데이트

첫 데이트에 대한 긴장감은 알 수 없는 상황이 가져오는 불안과 초조함도 포함된다. 우리는 사회적 교류 메커니즘의 세 가지 관점에서 타인을 평가하고, 동시에 우리에 대한 그들의 평가를 의식하기 때문이다. 첫 데이트에 임하는 가장 좋은 자세는 모든 것을 간단하고 단순하게 생각하는 것이다.

데이트 전 여유 챙기기

- 데이트의 목적을 생각하자: 이번 데이트의 목적이 무엇이고, 처음 생각은 무엇인지를 떠올리며 마음속 느낌을 살펴본다.
- 합리적으로 기대하자: 어떤 사람들은 데이트에 대해 현실적인 기대를 하지만 또 어떤 사람들은 비현실적이기도 하다. 비현실적인 기대

를 내려놓고 합리적인 기대를 해야 하며 냉정함을 잃지 말아야 한다. 첫 데이트부터 교제하자고 하거나 고백하는 등 너무 큰 의미를 부여해서는 안 된다. 여유를 갖자! 이번 데이트는 미래에 있을 수많은 데이트 가운데 한 번일 뿐이다.

데이트할 때 주의할 점

- 편안하게 느낄 수 있는 애프터 신청을 하자: 첫 데이트는 개방적인 환경에서 두 사람 모두가 편안한 시기에 하는 것이 좋다. 예를 들어 주말 낮에 밝고 깔끔한 카페라면 애프터 신청이 받아들여질 가능성이 높다.
- 시간 약속을 지키자: 지각하는 것은 데이트 분위기를 망치는 최대 원인이다. 만일 길을 잘 모른다면 미리 가는 길을 찾아보는 것이 좋다. 상대방에게 친절하게 찾아오는 길을 첨부해 보내준다면 더 마음이 갈 것이다.
- 옷차림에 신경 쓰자: 만약 개성을 드러내고 싶다면 자신의 스타일대로 입고, 무난하고 싶다면 따뜻한 색감의 옷을 선택하는 것이 좋다. 로맨틱한 저녁을 생각한다면 레드 계열의 옷차림이 매력을 더해줄 수 있을 것이다. 패션 센스가 부족하다면 깔끔하게 입은 모습으로 평소 청결하다는 인상을 심어주는 것도 좋다.
- 말과 행동에 신경 쓰자: 심리학자 제이미 룽(Jamie Long)은 데이트를 하는 동안 적절한 시점에 자신의 관심사를 표현하고 몰입하는 경청

약속 전 ▶ 마음가짐 조절

데이트 목적 분명히 하기

합리적으로 기대하기

데이트 ▶ 주의사항

편안한 장소 제안 (카페)

늦지 않고 제시간에 가기

깔끔한 옷차림

당당한 말과 행동

데이트 이후 ▶ 애프터 신청

데이트 이외의 시간에 대해 꾸준히 관심을 보인다.

도착했나요?

네 :)

자가 되어 주되 사생활을 건드리거나 비난하는 것은 피하는 것이 좋다고 조언한다. 낯선 사람 앞에서 경솔하게 자신을 자랑하지 않도록 주의를 기울이고, 자신을 너무 과대평가하거나 자신 위주로만 대화하는 것은 금물이다. 데이트 상대에게 칭찬에 인색해서는 안 된다. 그렇다고 해서 지나치게 추켜세운다면 역효과를 불러와 상대방이 당신의 목적을 의심하고 경계할 수 있다.

데이트 이후

만약 상대가 마음에 들었다면 데이트 이외의 시간에도 관심을 가져야 한다. 설사 이번 데이트가 엉망이 되었더라도 그 과정에서 무언가 배울 수 있으니 데이트를 통해 배운 점들을 허투루 흘려보내지 말자.

✣ 심리학 조언

첫 데이트를 하면서부터 우리는 자신과 타인에 대한 탐색전을 시작한다. 설사 첫 번째 데이트가 마음 같지 않게 흘러갔더라도 지나치게 확대해석 하지 말고, 매번의 데이트가 우리에게 준 의미를 돌아보는 것이 좋다.

03

데이트 분위기,
외모가 결정한다?

몇 년 전 브라질의 한 광고에 데이트 웹사이트에서 만난 남녀가 사랑에 빠지는 내용이 등장했다. 그들은 상대방의 호감을 얻기 위해 사진에 공을 들였다. 당시에는 스마트폰이나 다른 앱이 없었으니 그저 포토샵 기술에 의존할 뿐이었다. 두 사람은 약속을 정하고 만나기로 했다. 여자는 마음이 편치 않았다. 그래서 자신의 본래 모습 그대로를 보여주기로 결심했다. 화장기 없는 모습에 작은 눈, 그리고 주근깨도 가리지 않았으며, 매혹적이었던 가짜 점도 찍지 않았다. 그 모습을 본 남자가 화를 내며 자리를 박차고 나갈 것이라는 그녀의 예상과 달리 남자는 조용히 가발을 벗어 내려놓았다. 남자는 심각한 원형탈모가 있었던 것이다. 결과는 아주 훌륭했다. 두 사람은 자신의 본 모습을 보여주었고 더 편안한 마음으로 데이트를 할 수 있었다. 현실에서 대부분의 사람들은 이상적인 데이트를 위해 많은 시간을 투자해 외모를 가꾼다. 특히나 좋아하는 상대이거나 중요한 사람과의 만남에서 외모는 데이트 분위기를 좌우할 만큼 중요해 보인다. 외모의 영향은 정말 그렇게나 큰 것일까?

외모의 힘

심리학적 관점에서 외모가 데이트에 영향을 미치는 것은 사실이다. 인류는 태생적으로 외모에 관심이 많고 영향을 받기 때문이다.

아름다운 외모는 더 쉽게 주목받을 수 있다

심리학 실험에 따르면 아이든 어른이든 외모가 훌륭한 사람에게 주목하는 시간이 더 긴 것으로 나타났다.

외모가 훌륭한 사람들은 더 신뢰를 준다

미국의 발달심리학자 이고르 바스칸지이프(Igor Bascandziev)는 네 살에서 다섯 살 아이를 대상으로 도움 받고 싶은 사람을 선택하는 실험을 한 결과, 아이들은 더 예쁘거나 잘생긴 사람을 선택했으며 특히 젊고 예쁜 여성을 원하는 것으로 나타났다.

아름다운 외모의 흡입력이 크다

심리학에는 관련된 효과가 두 가지 있는데, 그중 하나가 미(美)의 방사효과(Radiating Effect of Beauty)다. 예를 들어 영화 속에서 외모가 탁월한 상대와 함께 있으면 마치 자신도 많은 사람들에게 주목 받듯이 더욱 체면을 차리는 모습을 볼 수 있다. 같은 맥락에서 우리 역시 자신의 존재감을 드러내고 생존의 우위를 차지하기 위해 아름다운 사람과 친구가 되려는 경향을 보일 수 있다.

또 다른 하나는 후광효과(Halo Effect)다. 사람은 본래 하나를 보고 열을 아는 척하는 심리가 있어서 외모가 훌륭한 사람은 더 착하고 똑똑하다는 느낌을 받는다. 그래서 우리는 더욱 가까이 다가가 친구가 되고 싶어 한다.

아름다움은 건강하다는 신호다

동물의 번식욕은 배우자의 건강상태에 일정 부분 영향을 받는다. 어떻게 보면 외모가 훌륭한 사람은 대대손손 이어진 유전자 선별검사의 결과라고 할 수 있다. 따라서 아름다운 사람은 더 건강하고 배우자로 적합하다는 느낌을 준다.

(!)

데이트에 영향을 주는 다른 요소들

심리학에서는 외모가 데이트의 분위기에 영향을 준다고 말한다. 그렇다면 일반적인 외모를 가진 사람들의 데이트는 어떨까?

앞에서 설명한 이론을 보면 외모가 우리의 첫인상을 결정하고 데이트의 문턱을 낮출 수 있다. 하지만 데이트는 한 번만 하는 것이 아니다. 그럼 더 중요한 목적의 데이트들은 외모 이외에 어떤 요소들의 영향을 받을까?

1 존중은 편안함을 주는 사회교류 방식이다.
데이트하면서 서로 존중하는 것은 거리를 좁혀
좋은 분위기를 만드는 기본적인 요소다.

2 시간, 장소, 내용이 데이트 분위기를 좌우한다.
데이트는 서로의 입장에서
시간, 장소, 구체적인 계획을 정해야 한다.

3 데이트는 만남의 시간에만 국한되지 않는다.
데이트는 사회교류의 형태로 평상시 상호 작용도
마찬가지로 중요하다.

존중은 편안함을 주는 사회교류 방식이다

외모의 관점에서 보자면 면접볼 때 필요한 복장이 있듯이 업종마다 그에 따른 기준이 필요할 수 있다. 깨끗한 정장을 요구하는 경우에는 정장을 입는 것이 목적달성을 위한 필요수단이자 상대방에 대한 존중이다. 상호 존중하는 태도는 데이트 분위기를 더 따뜻하게 만들 수 있다.

시간, 장소, 내용이 데이트 분위기를 좌우한다

두 사람의 교류 외에도 데이트 시간, 장소, 내용이 데이트의 분위기를 좌우한다. 상대방의 바쁜 시간을 골라 발걸음을 재촉하다 보면 조마조

마하기만 할 뿐 서로를 알아갈 시간이 없다. 상대방이 채식주의자인데 진수성찬을 대접하거나 운동에 관심이 없는 상대를 데리고 야구장을 가는 것은 적절하지 않다.

그밖에 비용적인 부분을 중요하게 여기는 사람의 경우 데이트 약속을 잡기 전에 데이트 비용을 누가 부담할지에 대해 정해지지 않으면 비용을 지불하면서도 불쾌해질 수 있다.

데이트는 만남에 그치지 않는다

이는 상호작용 방식의 하나로, 데이트 전의 요소들을 파악해보고 데이트가 끝나면 그날에 대해 평가를 해보자. 그 속에서 배움을 얻고 데이트 이외의 시간에 서로 연락을 주고받는 것이 주도권을 잡는 것보다 중요하다. 특히 현대인들은 모두가 바쁜 만큼 서로 시간이 없다면 문자나 음성통화를 할 수도 있다.

데이트의 여러 요소들로 분위기가 좋아지면 만나는 횟수를 거듭할수록 편안해지고 외모가 미치는 영향력도 점점 줄어들 것이다.

※심리학조언 외모의 영향은 결코 무시할 수 없다. 외모는 명함처럼 서로 바라보며 첫인상을 남긴다. 하지만 명함교환 이외의 상호작용이야말로 좋은 분위기를 만드는 핵심요소다.

04

사랑의 온도를
유지하는 법

허추는 상하이에서 홀로 직장생활을 하는 싱글 여성이다. 그녀 주변에는 여러 해 동안 알고 지낸 남사친(남자사람 친구)과 결혼에 실패한 후 비혼주의를 선언한 연인이 있다. 하지만 허추가 가장 가깝게 느끼는 건 두 사람이 아닌 집에서 기르는 강아지 두 마리다.

허추는 상담사에게 "누군가 남자와 강아지 중에 하나만 고르라고 한다면 강아지를 고르겠어요"라고 말했다. 상담사가 이유를 묻자, 허추는 "강아지만큼은 영원히 내 곁에서 날 사랑해줄 테니까요"라고 답했다.

사랑이란 그녀에게 절망적인 것이었다. 사랑은 절대 변하지 않을 것이라고 믿었던 그녀는 현실적인 사랑에 절망했다. 처음에는 불같이 뜨거웠던 사랑도 결국엔 차갑게 식어버리고 만다. 왜 사랑의 온도를 유지하기란 이처럼 어려운 것일까?

"어떻게 하면 두 사람의 뜨거운 감정이 식지 않을 수 있을까?" 이 문제에 답을 하려면 우선 사랑의 진행과정부터 이해할 필요가 있다. 더불어 감정의 변화도 살펴봐야 한다. 사랑은 감정의 전부가 아니라 감정의 일부 형태이기 때문이다. 이에 대해 심리학자인 로버트 스턴버그(Robert J. Sternberg)는 사랑의 삼각형 이론(Triangular Theory of Love)을 제시했다. 이 이론에서 모든 사람의 감정은 친밀감(Intimacy), 열정(Passion), 헌신(Commitment) 이 세 가지 형태로 나뉜다. 두 사람이 어느 한 형태의 사랑을 유지하는 것은 각기 다른 사랑의 모습으로 나타난다. 세 가지 형태의 사랑은 조화를 이루어야만 가장 완벽한 사랑을 만들 수 있다. 그 세 가지 요소로 구성된 몇 가지 조합이 내포한 의미는 다음과 같다.

헌신 + 친밀감 = 동반자적 사랑

플라톤적 사랑이다. 연인보다 친구 같은 두 사람은 평생 반려자로 살 수 있다. 하지만 특별히 뜨거운 열정은 없다. 많은 경우가 사랑보다는 서로에게 적합하다는 이유나 결혼을 위한 결혼을 하기 위해 서로를 선택하게 되는데, 그들이 이런 사랑의 형태에 속한다.

친밀감 + 열정 = 낭만적 사랑

러브스토리에 자주 등장한다. 오래 세월이 흐르도록, 신기서 모든 깃을

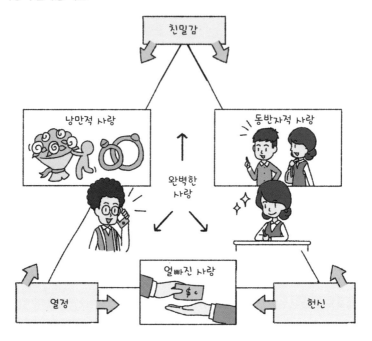

잃더라도 용감하게 금기를 깨트린다. 〈로미오와 줄리엣〉의 두려움 없는 사랑이 이런 낭만적이지만 비이성적인 사랑이다.

열정 + 헌신 = 얼빠진 사랑

양측이 만나는 이유는 육체적 희열과 공허한 헌신을 위해서일 뿐 진정성도 명확한 기반도 없다. 성적 매력이 불러온 순간적인 사랑이다. 홍등가에서 이루어지는 금전거래가 가장 대표적이다.

열정 + 친밀감 + 헌신 = 원만한 사랑

생리적, 심리적, 물질적인 요소가 모두 갖춰져 감정과 이성적인 어려움을 견뎌낼 수 있는 사랑이다. 많은 사람들이 결혼해 평생 함께했는데 여기에는 아이들에 대한 사랑도 포함된다. 부부생활과 거기에 아이와의 생활까지 모두 갖춰진 행복한 가정을 이룬 것이다. 하지만 정말로 아무런 걱정 없는 사랑이 있긴 한 걸까?

사랑만으로는 부족해

사랑의 온도를 유지하려면 로버트 스턴버그 박사와 다른 심리학자들의 견해에 따라 다음과 같은 노력을 기울여볼 수 있다.

사랑의 온도를 끌어올릴 기회를 만들자

사랑의 온도가 내려가는 건 필연적인 과정이다. 특히 거리가 멀어졌다면 처음 만났던 때의 아름다웠던 시간들을 떠올리며 서로의 모습을 바라본다면 다시 사랑의 온도를 끌어올릴 수 있는 기회가 될 것이다. 오랜 사랑은 서로의 강인하고 아름다운 면만 보는 것이 아니라 약한 부분을 보듬을 수 있느냐에 달려 있다.

일부가 아닌 전체적인 사랑을 풍성하게 하자

사랑은 열정, 친밀감, 헌신을 모두 포함한다. 열정에만 관심을 쏟다 보면 마음속의 정신적인 면과 서로가 원하는 것 또는 서로의 약속을 실천에 옮기는 이성적인 부분을 놓칠 수 있다. 사랑의 온도를 유지하는 건 열정만으로는 무리가 있다. 친밀감은 두 사람이 심리적인 측면에서 동정심과 공감을 통해 상대를 이해하고, 열정 이외의 측면에서 정신적인 기쁨을 유지해나갈 수 있도록 돕는다.

다른 한편으로 사람들은 책임감 있는 사람과 함께하고 싶어 하는 경향이 있다. 더 많은 사랑을 주겠다고 약속할 수 있다면 마음을 받아들일 확률은 더 높아진다. 서로가 기울이는 노력은 사랑의 땔감과 같아서 노력이 줄어들면 사랑의 불꽃도 지속력을 발휘할 수 없다.

서로에게 솔직해지자

상대를 깊이 알지 못할 때 낭만적인 상상을 더한다면 처음에는 사랑의 온도를 높일 수 있다. 실제로 사랑을 시작하기 전에 스스로를 돌아보고 사랑에 대한 기대와 공포, 필요성에 대해 더 많은 시간을 들여 고민해봐야 한다. 우리가 스스로에게 솔직해지고, 타인에게도 솔직해질 때 서로에게 잘 맞는 짝을 찾을 수 있다. 열정이 식어버린 후 서로 어쩔 줄 몰라 하는 난처한 상황은 피하도록 하자.

1 끓어오를 계기 만들기
사랑의 온도가 식으려 한다면 온도를
끌어올릴 새로운 방법을 찾자.

2 사랑을 풍성하게 만들기
사랑은 완전체여야 한다. 하나라도 부족하다면
정상적인 운영이 어렵다.

3 서로에게 솔직해지기
두 사람의 솔직함은 오해로 인한 갈등과
충돌을 줄일 수 있다.

심리학 조언

연애는 사랑의 일부분일 뿐 전부가 아니다. 일방적인 사랑이 두 사람의 관계를 지탱할 수 없는 것처럼 말이다. 사랑의 신선도를 유지하기 위해 일부분 혹은 혼자서만 노력을 기울인다면 결실을 맺기가 어렵다. 사랑의 완전체를 잘 꾸려나가려면 두 사람의 몸과 마음이 원하는 바를 잘 살피고 진정성을 담아 노력해야 한다.
그래야만 더 오래가고 더 깊은 사랑을 할 수 있다.

05

나쁜 사랑과
어떻게 헤어져야 할까?

우리는 종종 언론을 통해 해외 연예인들의 외도소식을 접하게 된다. 다른 한쪽이 변치 않는 사랑을 해도 끓어오르는 욕망을 참지 못한 상대는 곁에 있는 사람에게 상처를 주고 만다.

사오리도 이런 경우다. 그녀는 이미 혼인신고까지 마친 남편과 결혼식을 준비하다가 남편이 그녀를 배신하고 외도했다는 사실을 알게 되었다. 모든 일이 언젠가는 밝혀지듯 그녀는 당초 평생을 약속한 남편이 근본적으로 가정을 책임질 능력이 없는 나쁜 남자라는 사실을 알게 되었다. 이성적으로는 미련 없이 헤어져야겠다고 생각하면서도 '잠시 흔들렸을 뿐이야'라는 생각이 자꾸 머릿속을 맴돈다.

사랑은 사람을 비참하게 만들기도 한다. 그럼에도 불구하고 그 상처에서 벗어나지 못하고 있다면 스스로에게 물어보자. 그와 헤어지지 못하는 것이 미련 때문인지 아니면 버려진다는 두려움 때문인지 말이다. 그 사람이 아닌 걸 알면서도 헤어지지 못하는 근본적인 원인은 상처받은 자의 열등감 때문일지도 모른다.

열등감의 분신

알프레드 아들러(Alfred Adler)가 말한 대로 모든 사람의 마음속에는 정도만 다를 뿐 열등감이 존재한다. 또한 모두에게는 우월감이 있고 이 우월감은 우리의 열등감을 보상해준다. 열등감은 허구적인 우월감의 형태로 드러나는데 일반적으로 다음과 같은 특징을 지닌다.

자주성 결핍

'그가 없으면 내가 있을 곳이 없어, 그래서 헤어질 수 없어!' 확신을 주지 않거나 자신보다 월등히 나은 사람이라고 느껴지면 열등감에 빠지기 쉽다. 그들은 자신과 어울리지 않는다고 생각하기 때문이다. 열등감에 사로잡혀 타인에 의해 좌지우지되면서도 스스로에게 '그가 없으면 나는 아무것도 할 수 없어'라며 합리화를 한다.

진정한 욕망 회피

'나는 더 나은 사람을 만날 자격이 없어. 그런데 어떻게 지금 눈앞에 있는 사람을 놓을 수가 있겠어!' 열등감에 빠진 사람은 행동력이 부족해 노력도 해보지 않고 잃을 것이라 섣불리 판단한다. 포기는 이미 그들의 습관이 되어버렸다. 나아가 자신의 그런 점을 멸시하고 마음속 욕망을 마주하려 하지 않기 때문에 자신이 원하는 바를 이룰 수 없다.

미처 앙다리를 걸친 여자 친구를 둔 남성이 자신의 처지를 합리화하듯이 말이다. "지금 여자친구가 여러 번 바람을 피운 건 사실이지만 나 같은 능력 없는 사람이 어떻게 더 좋은 사람을 욕심낼 수 있겠어? 그녀가 날 많이 사랑해주는 건 사실이잖아. 몇 번 바람을 피우긴 했지만 나랑 함께한 시간이 얼만데…."

약한 사람에게 상처 주기

헤어지고 싶지 않지만 마음이 아프다. 그럼 아예 다른 사람을 괴롭히

| 열등감의 분신

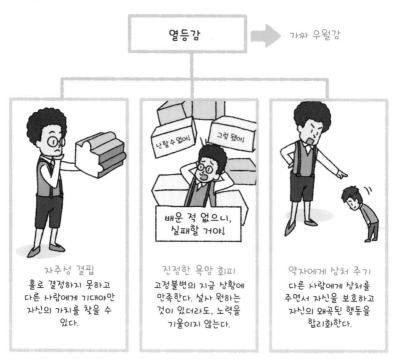

　　　　　　　　　　　　　別 게 다 고민인 사람들을 위한 심리학

자! 열등감은 자신을 사랑하는 능력을 잃게 만들고 다른 사람을 괴롭히며 자신의 불만을 분출하도록 만든다. 그들이 다른 사람을 괴롭히는 것은 일종의 고통스러운 비명이다. '사랑을 원하지만 사랑을 믿을 수 없다.' 자신이 상처받은 과정을 다른 사람에게 그대로 투영해 자신과 유사한 상황에서 보이는 다른 반응에서 사랑에 대한 희망을 찾길 갈망한다. 이것이 바로 자신에게 상처를 준 사람인데도 헤어지지 않고 오히려 다른 사람을 괴롭히며 스스로 나쁜 남자, 나쁜 여자가 되는 이유다.

열등감을 극복하는 법

아들러는 건강한 인격을 기르기 위해서는 사회적 관심이 필요하다고 보았다. 아들러의 시선에서 관계 속의 평등은 '상호 조건이 어떠하든 함께 있을 때 어떠한 열등감도 불러일으키지 않으면 되는 일'이다. 옳지 않은 사랑 앞에서 헤어질 결심을 하지 못한다면 스스로에게 다음과 같은 내용을 알려줘야 한다.

다시 사랑할 수 있다는 힘을 준다

관계를 정립하는 것은 두 사람이 함께하는 것이지 일방적으로 할 수 있는 일이 아니다. 약한 사람에게 도움을 주는 것으로 우리는 자신이 다른 사람에게 가치 있는 사람이라는 사실을 발견하고 믿게 됨으로써 다시 사랑할 수 있는 힘을 찾게 된다.

잘못은 잘못으로 귀결된다

모두를 동일시해서는 안 된다. 모든 사람은 좋은 대우를 받을 자격이 있다. 누군가에게 학대를 받았다면 당신이 가치 없는 사람이 아니라 그 사람이 옳지 않은 사람이다. '관계 속 두 사람 모두에게 잘못이 있다'라는 생각은 진실이 아니다. 두 사람의 잘못은 차이가 매우 크다. 만약 당

| 열등감 극복하기

1 베풀기
   베풀면서 자신을 사랑하고
   남을 사랑할 수 있는 자신감을 얻는다.

2 모든 것을 동일시하지 않기
   하나를 실패했다고 이후의 일들도 실패할
   것이라 단정 지을 수는 없다.

3 도움 청하기
   자신의 취약한 부분을 직시하고
   능동적으로 도움을 청하는 것이 용감한 것이다.

별 게 다 고민인 사람들을 위한 심리학

신이 이미 충분한 대가를 치렀다면 굳이 전부를 보상해줄 필요가 없다. 결국 모든 사람에게는 스스로가 져야 할 책임이 있다.

다른 사람에게 도움을 청한다

우리에게 필요한 것은 상처가 아니라 도움이다. 우리는 누군가를 찾아 그들에게 분풀이를 하고 싶겠지만 자신에게 더 필요한 것은 도움이라는 것을 직시해야 한다. 한 사람에게 상처를 준다면 구제받을 기회 한 번을 잃게 되는 것이다. 당신이 선량한 사람들에게 도움을 요청했을 때 그들에게 도움을 받지 못하더라도 도움을 얻기 위해 소리치는 동안 자신의 고통을 들여다볼 수 있을 것이다. 마음을 가라앉히고 고통을 내려놓는다면 곧 새로운 나를 만날 수 있을 것이다.

심리학 조언

사랑은 행복한 것이고 삶은 온전히 자기의 것이다. 사랑이 멀리 떠났는데 왜 본래의 삶으로 돌아가지 못하는 걸까. 사랑은 진심을 담아 서로의 손을 잡는 것이지 상대방에게 놓지 말라고 애원하는 것이 아니다.

06

이별하기 좋은 날

2015년 방영되었던 중국의 웹드라마 〈Me & You〉는 남자의 방 천장의 관점에서 남녀가 사랑을 시작해 두 사람이었다가 이별하고 다시 한 사람이 되는 과정을 담아냈다.

처음 남자는 방을 먼지 하나 없이 청소한다. 여자가 들어온 순간, 우리는 이전까지 남자의 모든 노력이 이 여자를 붙잡아두기 위해서였음을 알아차린다. 남자와 여자는 이후 연인이 되었고, 24시간 접착제처럼 붙어 두 사람만의 세계를 만든다. 하지만 상대에 대한 맹목적인 환상이 깨지면서 다툼이 시작되고 갈등을 빚다가 결국 다시 방 안은 남자 혼자만의 세계가 된다.

얼마간의 시간이 흐르고 남자는 다시 정신을 차리고 방을 청소하기 시작한다. 방이 깨끗해지고, 남자 역시 새로운 사랑을 맞이할 준비를 한다. 웹드라마 속에서 보여주듯이 이별은 사랑의 일부분이다. 사랑은 어떻게 시작하든 늘 방황하게 만든다.

이별 역시 연애의 일부다

연애는 과정이다. 연애가 시작되기 전과 연애하는 동안, 그리고 이별한 후의 과정이 모두 포함된다. 이별은 연애의 끝이 아니라 일부다. 심리학자 어빈 얄롬이 죽음에 대해 "죽음은 삶의 일부다. 우리가 죽음을 직시할 수 있을 때 비로소 인생을 어떻게 바라봐야 하는지 알 수 있다"고 말한 것처럼, 이별을 마주하는 법을 배워야 비로소 연애의 모든 것을 받아들이고 그 본질을 명확히 알 수 있다. 하지만 이별은 고통으로 가득한 만큼 쉽지 않은 일이다.

이별을 하기 전 얼마 동안은 심리적 고통과 불안 속에서 하루하루를 보낸다. 벼랑 끝을 걷듯이 조금만 삐끗해도 온몸이 상처투성이가 될 수 있다. 그럼에도 나아갈 길은 점점 좁아지면서 마음속으로 죽음의 시간이 멀지 않았음을 선고한다.

이별이 가져오는 고통에는 추악한 진실도 담겨 있다. 이별이 늘 아름다울 수는 없다. 때로는 누군가 우리에게 배신감을 안겨주어 상대를 원망하며 '내게 했던 맹세는 무슨 의미였던 거야?' '어떻게 이럴 수가! 예전에 우리처럼 그 사람과 안고 입을 맞췄다니!'와 같은 생각들을 한다.

이별의 아픔은 오히려 우리 스스로를 자책하게 한다. 우리는 기묘한 상상 속에 빠져들어 자신이 이별하기 전에 했던 행동들을 하나하나 들춰내며 모든 순간순간을 확대해석하고 시공간을 뛰어넘어 자신이 저지른 잘못을 바로잡을 수 있을 것이라는 환상을 품는다. 하지만 이내 강

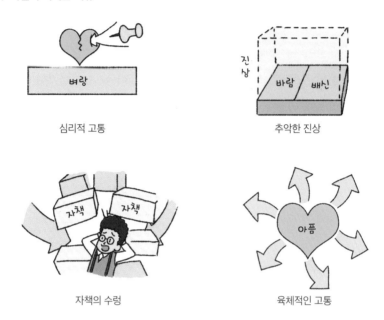

심리적 고통

추악한 진상

자책의 수렁

육체적인 고통

렬한 열등감과 죄책감이 조금씩 우리의 마음을 공격해 더 이상 미래의 희망을 볼 수 없게 만든다.

이별은 우리에게 심리적인 고통뿐 아니라 육체적인 아픔도 가져다준다. 2011년 미국의 심리학자 이선 크로스(Ethan Kross) 연구팀은 심리적인 고통이 육체의 통증을 유발하는 뇌의 일정 부분을 활성화시킨다는 사실을 밝혀냈다. 몸과 마음의 상처로 인한 고통이 쉽게 이별을 결정짓지 못하게 만드는 것이다. 따라서 어떻게 이별할 시기를 정해서 이별의 아픔을 줄일 것인가 역시 연애수업의 중요한 부분이다.

이별을 위한 준비

심리학자 스티븐 머피-시게마츠(Stephen Murphy-Shigematsu)는 어떻게 이별통보를 할지에 대해 여러 사례들을 제시하며 이별을 위한 준비과제를 정리했다. 다른 연애의 효과들을 고려해 우리는 다음과 같이 준비한 후 이별을 통보할 수 있다.

관계에 대해 기대하지 않기

설사 제삼자 혹은 부모의 반대와 같은 어려움이 발생해도 두 사람 사이에 미래에 대한 기대가 있다면 헤어지기 쉽지 않다. 하지만 당신에 대한 그의 태도가 좋든 나쁘든 당신 스스로 아무런 감정이 없고, 두 사람의 미래에 대해 더 이상 기대가 없다면 두 사람에게는 이별의 가능성이 존재한다는 것을 의미한다.

이별 후의 고통을 이겨낼 계획 세우기

아무런 대비 없이 이별을 맞게 된다면 우리의 모든 것을 무너트릴 수 있다. 이별할 준비가 되었다면 우선 마음의 준비를 하고 함께 이겨나갈 친구들을 섭외하자. 더불어 미리미리 개인 물건을 정리하고, 상대가 가지고 있는 두 사람의 사진을 정리하자. 실연의 시기를 이겨낼 버팀목들이 준비되었다면 이제 이별을 고하자.

이별이 가져올 추악함 견디기

이별은 추악한 싸움과 폭력이 동반되기도 한다. 평화로운 이별만을 원한다면 결심하기가 쉽지 않으며 이는 일종의 비현실적 도피가 된다. 이별의 추악함에 대해 더 이상 천진난만한 환상이 생기지 않는다면 이별을 결심할 수 있다.

자신이 변심했음을 알아차렸을 때

상대와 함께했던 추억과 감정에만 관심이 있을 뿐 상대에게 더 이상 관

| 이별을 위한 준비

1 함께할 친구 섭외하기
자신과 아픔을 함께 나눌
친구들을 섭외하자.

개인 물건 챙기기

2 개인 물건 정리
자신의 개인 물건을 챙겨두자.

사진 챙기기

3 내 사진 챙기기
자기 사진을 미리 챙겨,
철저하게 인연을 정리한다.

심이 없다면, 다른 사람과의 연애 가능성이 열려 있음을 의미한다. 사랑하면서 자신이 피해자가 되는 건 어찌할 수 없는 일이지만 적어도 가해자가 되는 것은 피할 수 있다. 이미 상대를 사랑하지 않는다면 이별을 생각해볼 수 있다. 어느 누구도 당신 삶의 나그네가 되길 원치 않을 것이다. 이별을 생각한다면 최적의 시기를 기다리기만 할 것이 아니라 우리 자신을 위한 계획을 세워야 한다.

※ 심리학 조언

이별하기 좋은 시기는 연애하기 좋은 시기처럼 완벽한 준비를 하는 것이 불가능하다. 그저 이별하거나 이별하지 않거나일 뿐이다. 이별의 현실을 받아들이든 받아들이지 않든 우리는 계속해서 살아간다. 사랑은 영원히 아름답다. 설사 마지막이 고통스러울지라도 말이다.

07

연인에게
사랑받는 법

사랑하며 사랑받는 법에 대해 질문한다는 것은 사랑에 대한 결핍이 있기 때문이다. 사람들은 사랑받고 싶은데 자신이 사랑받을 자격이 있는지 알 도리가 없다. 내담자 중 한 여성은 남자들이 가장 관심을 갖는 것이 외모라고 생각해 수입의 많은 부분을 외모를 가꾸는 데 투자했다. 하지만 그녀는 여전히 불안했다. 정말 좋아하는 사람을 만나자 더 많은 비용을 들여 외모에 투자하기 시작했다. 한 내담자는 부끄러움이 많은 성격이었다. 그는 모두가 자신을 좋아해주길 바라면서도 정작 무엇을 어떻게 해야 할지 몰랐다. 수많은 자기계발서를 읽어봤지만 실제로는 별 도움이 되지 않았고 약간의 위안만 될 뿐이었다.

사랑에 대한 갈망

사랑받는 것은 가장 기본적인 욕구다. 사랑받는다는 것은 사랑을 받을 때의 느낌이다.

하지만 일반적으로 사람들은 사랑이란 아름다운 감정을 하나로 결합하고, 피동적으로 얻는 것이라고 잘못 생각하고 있다. 마치 프로이트가 사랑과 먹을 것을 결합해 만족할 만큼 먹으려면 음식을 입에 넣어야 하듯이, 사랑에 대한 욕망을 충족시키기 위해서는 사랑받아야 한다고 주장한 것처럼 말이다.

사랑에 대한 갈망은 태어날 때부터 가지고 있는 천성이다. 다른 동물과 달리 인간의 번식활동은 동물의 본성만을 따르는 것이 아니라 사랑도 내포하고 있다. 사랑을 해야 번식에 필요한 성적 결합을 정신적인 단계까지 끌어올릴 수 있다. 사랑받고 싶은 욕구는 우리가 성장하면서 여러 가지 형태로 드러난다. 스위스의 심리학자 장 피아제(Jean Piaget)는 인지발달이론을 통해 "모든 단계를 거치며 수행해야 할 과제가 있다. 이 과제들을 하나하나 해결하며 우리는 변화하고 조화를 이루게 된다"고 말했다. 인지발달이론은 다음과 같이 크게 네 단계로 구분해볼 수 있다.

아동기: 자기애 만족

이 시기에 우리는 사랑을 갈망하고 자신이 세상의 중심이라고 믿는다. 부모와 다른 사람에게 무한한 요구를 하고 그들은 우리의 모든 것을 만족시켜주어야 한다고 착각한다. 이 시기에 사랑받고 싶은 갈망은 단순하지만 사랑의 관계에 대한 반성이 부족하고 자기애와 이기주의가 지나치다.

청년기: 자아 만족

인격형성의 중요한 단계다. 우리는 사랑을 통해 자신이 중요한 사람임을 확인받고 싶어 하고 자신에 대해 더 깊이 알아간다. 또한 우리는 사랑을 위해 수많은 행동을 하고 다양한 상상을 한다. 마치 자기 자신과 사랑에 빠진 듯하다. 시간이 흐르면서 스스로를 더 이해하고, 자신에게 맞는 사랑을 알아간다.

성인기: 관계 만족

사회생활 능력이 향상되면서 우리는 자신, 그리고 다른 관계에서도 다른 사람과 공존할 수 있고 더 깊이 이해할 수 있다.

이때 사랑이 필요하다. 더 이상 열정에 휘말리지 않고 이성적으로 관계를 이끌어나가며 서로 배려하고 사랑을 베풀기를 원한다. 그리고 사람과 사람 사이의 존중이 필요하다는 사실을 인지하고, 사랑 때문에 다른 사람에게 상처를 주는 핑계 따위는 만들지 않는다. 사랑에 대해 책임지려 하고 더 이상 받는 사랑만을 원하지 않는다. 또한 사랑에 대한 갈망이 사랑의 행동을 통해 완성됨을 이해하고 더 이상 피동적으로 앉아서 기다리지만은 않는다.

노년기: 마음의 만족

이 단계가 되면 사랑에 대한 갈망은 정신적인 단계까지 승화된다. 생리적인 기능이 퇴화하면서 우리는 관계 속에서 배려하고 존중하며 책임지고 이해하며 사랑받고 싶은 욕구를 충족한다. 그래서 더 높은 수준의 즐거움을 추구할 수 있다.

(!)

사랑은 스스로 만드는 것

앞에서 설명한 대로 모두에게 사랑받는 사람이 되고 싶다면 스스로를

잘 파악하고 완성된 자아를 만들어야 하며, 완벽한 관계를 수립하는 과
정을 거쳐야 한다. 이 과정을 위해서는 다음의 세 가지가 선행되어야
한다.

마음속 사랑에 대한 갈망을 받아들여야 한다

우리는 종종 자신이 사랑을 필요로 한다는 사실을 인정하기 꺼려 한다.
가부장적 사회에서는 강인하지 못하다는 인상을 남기기 때문에 더욱
그러하다. 사랑이 부족하면서도 상처받기 싫은 마음에 자신을 억누르
며 스스로에게 '난 사랑 따위 필요 없어'라고 말한다. 그러한 사람들은
겉으로 드러내길 원하지 않기 때문에 사랑을 얻는 일도 쉽지 않다. 이
는 사랑받는 사람이 될 기회를 단절시키는 것과 다르지 않다.

사랑받는 법과 사랑하는 법을 배워야 한다

심리학자 에리히 프롬(Erich Fromm)이 말한 것처럼 "사랑은 배려와 존
중 그리고 책임감이 담긴 창조작품이다."

잘 맞는 사람끼리 서로 사랑하면 순간적인 감정에 휩싸이지 않는다

때로 우리는 사랑에 목말라 정말 필요한 것이 사람이라는 사실을 망각
하곤 한다. 사람이 없으면 사랑도 없다. 가끔 너무 사랑받고 싶은 나머
지 아무나 만나 함께하는 경우가 있는데, 이런 경우 두 사람에게는 열
정만 있어서 그 열정이 식은 후에는 고독만 남을 뿐이다.

별 게 다 고민인 사람들을 위한 심리학

1 사랑이 필요하다는 사실을 인정한다.

모든 사람에게 사랑은 필요하다. 사랑에 대한 욕구를
부정하는 것은 자신의 가치를 부정하는 것일 수도 있다.

2 사랑하는 법을 배우자.

사랑은 서로 나누는 것이다. 자신을 사랑하고
다른 사람을 사랑하는 방법도 배워야 한다.

3 잘 맞는 사람과 함께 사랑하자.

사랑할 때 가장 중요한 것은 질이지 양이나 횟수가
아니다. 더 중요한 것은 인내심을 갖고 오래오래
사랑하는 것이다.

☼ 심리학 조언

사랑받는다는 말의 의미는 무엇일까? 모두가 나를 사랑하는 걸까? 만약 모두가 당신
을 사랑하길 바란다면 모두에게 걸맞는 사람이 되어야 함을 의미한다. 그럼 누가 당
신의 결점과 부족한 부분들을 메워줄까? 자신을 사랑할 줄 알아야 영원
히 사랑을 잃지 않을 수 있다.

08

왜 늘 상대방을
의심하는 것일까?

결혼생활에 대한 상담은 대개 부부 가운데 한 명과 진행하게 되지만 부부 두 사람이 함께 오는 경우도 있다. 그럴 때면 현장은 갈등과 대립이 극에 달하곤 한다.

장 선생 부부는 상담실에 와서 함께 앉는 그 순간부터 '너 죽고 나 살자'라는 팽팽한 긴장감을 선사했다. 장 선생은 부인이 돈을 쓸 줄만 알 뿐 엄마로서의 역할을 등한시하고, 아이들마저 보모에게 맡긴다고 불만을 털어놓았다. 부인은 장 선생이 돈을 벌 줄만 알고 외도한 경력도 있다며 분노했다. 그 이야기를 들은 장 선생은 화가 머리끝까지 나서 부인에게 지난 일은 다시 꺼내지 말라고 했고, 이어서 조롱 섞인 목소리로 부인이 최근 한 상사와 가깝게 지내는데 두 사람만의 비밀이 있는 것 같다고 말했다.

다툼은 계속 이어졌고 상담사는 말했다. "정말 두 분 모두 떳떳하시다면 서로 휴대전화를 바꿔서 살펴보시는 건 어떨까요?" 상담사의 말을 들은 장 선생 부부는 이내 조용해졌고, 손안의 휴대전화를 더 꼭 움켜쥐었다.

가까운 사이일수록 의심은 금물

사실 상대가 외도를 했다는 사실을 확인하는 것은 어렵지 않다. 우리가 병에 걸렸을 때 병원에 가지 않으면 이곳저곳 의심을 해보지만, 진찰을 받고 병에 걸렸다는 것을 알고 나면 최소한 앞으로 어떻게 해야 할지 알 수 있는 것처럼 말이다. 상대방의 마음이 변했다는 것을 알고 어떻게 대응해야 할지 모른다면 외도를 밝히는 것이 무슨 의미가 있을까?

심리학의 관점에서 보면 사랑에 있어 독은 외도가 아니라 상대방의 외도를 의심하는 마음이다. 더욱 안타까운 것은 그런 의도가 없었다 하더라도 상대를 의심하기 시작하면 얻은 정보의 사실 여부를 떠나 먼저 손을 써서 후환을 없앤다는 점이다.

상대방의 외도를 의심하는 건 당신의 잘못이 아니다

AP 통신이 외도에 대해 연구한 결과, 다음 페이지의 자료에서 확인할 수 있듯이 배우자의 외도를 의심하는 건 전혀 터무니없는 일이 아니다.

암시효과가 상상을 확신으로 바꾼다

암시효과는 최면처럼 우리가 상대방의 외도를 확신하는 순간 상대방의 모든 행동이 우리의 상상력을 자극하여 사실상 근거 없는 내적 신념이 더욱 단단해지는 것을 말한다.

영화 〈클로이(Chloe)〉에서는 남편의 외도를 의심한 부인이 자신의

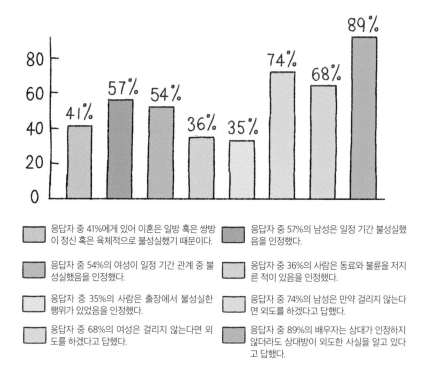

응답자 중 41%에게 있어 이혼은 일방 혹은 쌍방이 정신 혹은 육체적으로 불성실했기 때문이다.

응답자 중 57%의 남성은 일정 기간 불성실했음을 인정했다.

응답자 중 54%의 여성이 일정 기간 관계 중 불성실했음을 인정했다.

응답자 중 36%의 사람은 동료와 불륜을 저지른 적이 있음을 인정했다.

응답자 중 35%의 사람은 출장에서 불성실한 행위가 있었음을 인정했다.

응답자 중 74%의 남성은 만약 걸리지 않는다면 외도를 하겠다고 답했다.

응답자 중 68%의 여성은 걸리지 않는다면 외도를 하겠다고 답했다.

응답자 중 89%의 배우자는 상대가 인정하지 않더라도 상대방이 외도한 사실을 알고 있다고 답했다.

추측이 맞는다는 걸 증명하기 위해 미모의 여성을 고용해 남편을 유혹하기도 한다. 안타깝게도 그녀의 남편은 외도한 적이 없었지만 미모의 여인에게 빠지고 만다. 결국 부인 스스로가 무덤을 파게 된 꼴이다.

일단 의심의 씨앗이 마음속에 뿌려지고 나면 의심의 나무는 마음속 모든 믿음을 갉아먹고 만다. 그럼 상대방이 성실한 줄 알면서도 이러는 이유는 뭘까? 증거가 없다면 이미 마음속에 자라난 의심의 씨앗을 걷어

낼 수 있을까? 설사 겉으로는 사이좋은 척해도 한 사람은 마음속으로 스스로에게 말한다. '바람난 게 틀림없어!' 시간이 갈수록 마음속의 이런 생각을 진실이라고 믿게 된다.

의심으로 인한 스트레스가 스스로를 무너트린다

기만당하는 것만큼 참기 어려운 것이 의심하는 것이다. 상대방이 데이트를 하고 손을 잡고 입을 맞추는 등 당신과 함께했던 모든 것을 다른 누군가와 나눈다는 의심을 하고 상상하면서도 증거를 찾을 수가 없다면 제어할 수 없는 혼란에 빠지게 된다.

마음속 갖가지 걱정과 불안한 정서들을 해소하기 위해 우리는 답을 찾길 바란다. 우리가 부정적인 방향으로 생각할 때 우리는 마음의 준비를 하고 안정감을 찾을 수 있다. 그래서 우리는 반대로 추측해보는 경향이 있다. 그것은 스트레스에서 벗어나고 싶은 간절한 마음에서 비롯된 것이다.

의심치료제

의심이 두려운 것은 사실이지만 철학상담 분야의 창시자인 엘리엇 코헨(Elliot D. Cohen)이 제시한 해법을 참고하면 의심에서 우리를 구원해줄 방법을 찾을 수 있다. 이를 간단히 정리해보면 다음과 같다.

- 어려움이 닥치면 회피하지 말고 강인해지는 법을 배우자.
- 어리석은 생각을 바꾸자. 힘든 일들을 겪어야만 우리의 삶이 다채로워진다.
- 직감이 아닌 사실을 믿자.

의심을 확인하는 과정은 사실 사랑에 대한 갈망이고, 사랑을 증명해보

| 의심치료제

어려움 속에서 강인해지는 법을 배우자　　　세상을 보는 시선을 바꾸자

사실을 믿자

려는 과정이다. 하지만 이런 의심의 과정을 거치면서 자신을 망가트리게 되고 길을 잃을 수도 있다.

심리학 조언

의심이 우리를 고통스럽게 하는 것은 우리 자아 내면에 있는 사랑에 대한 욕구를 확인해보려는 것일 뿐 상대를 잃고 싶다는 의미는 아니다. 의심하기 전에 사랑하는 그에게 자신이 느끼는 불안과 초조함을 전하고, 함께 그 마음을 공유하며 불안한 감정들을 마주하도록 하자.

09

당신이 아직도
솔로인 이유?

2009년 방영되었던 대만 드라마 〈마녀 인 러브(敗犬女王)〉부터 최근 상영된 중국 영화 〈두랍랍 추혼기(杜拉拉追婚記)〉까지 주인공들은 모두 사회에서 성공한 결혼 적령기의 여성들이다. 그들은 모두가 부러워할만한 외모와 직업을 가지고 있으며 생활수준도 높은 편이다. 하지만 그런 그녀들이 아주 쉬울 것 같은 연애는 하지 못하고 있다.

우리는 그녀들이 사회적으로 성공했다는 이유로 '일 욕심이 많아서' 혹은 '시간이 없어서' 아직 솔로일 것이라 단정 지어 버린다. 하지만 배우자를 찾지 못하는 사람들은 일이 바쁜 여성들만이 아니다. 남성들 가운데도 시종일관 연애와는 담을 쌓고 지내는 결혼 적령기의 청년들이 많다.

그럼 어떤 사람들은 연애, 결혼, 아이까지 한 번에 해결하는데, 왜 그들은 연애의 시작부터 앞서 나가지 못하고 있는 걸까?

연애의 핵심가치는 자존감

흔히 보이는 연애의 괴로움은 자신이 부족하다고 느끼는 것이다. 그래서 섣불리 연애를 시작하지 못한다. 모든 사람들은 많든 적든 자아를 인식하고 있고 또 자존감도 가지고 있다. 높은 자존감은 자신에 대한 긍정적인 태도를 의미하는데 자존감이 높은 사람은 자신 있게 기회를

| 자존감의 수준

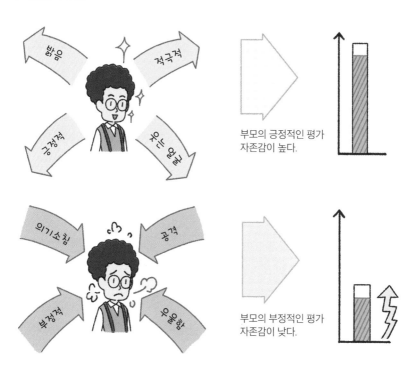

부모의 긍정적인 평가
자존감이 높다.

부모의 부정적인 평가
자존감이 낮다.

잡고 사회생활을 즐긴다. 하지만 자존감이 낮은 사람은 시작하기 전부터 일이 잘못될 것이라는 섣부른 판단으로 모든 사회생활의 기회를 날려버리고 경계를 그으며 자기만의 세계로 들어간다.

그렇다면 자존감이 낮은 이유는 무엇일까? 사람은 성장하면서 개인이 이룬 성과와 타인의 반응을 종합해 자신에 대해 평가하고 번복하기도 하면서 강화해 나간다.

자존감을 형성할 때 가장 중요한 시기는 다름 아닌 아동기이며, 이때 가족구성원들은 긍정적인 반응을 보여야 한다. 아이가 무엇을 해도 옳지 않다고 하면, 아이는 부모의 눈치만 살피게 되고 아이의 자존감은 부모의 평가에서 자유로울 수 없다.

청소년기가 되면 친구나 다른 사람들의 긍정적인 평가에 힘입어 자존감을 증진시키기 위해 부모의 가치관에서 벗어나려고 한다. 그러다 보니 부모자식간에 갈등이 빚어진다. 이후 아이가 자라 가정을 떠나더라도 부모가 했던 평가는 우리 마음속 자존감의 기준이 된다. 마치 우리의 마음속에 지속적으로 우리를 감시하고 비판하는 코치가 자리 잡은 듯이 숨통이 막힌다.

자존감이 낮은 사람들에게서 흔히 보이는 특징은 다음과 같다.

극단적인 사고로 성공이 절대적이라고 생각한다

자존감이 낮은 사람은 평가가 좋지 않으면 나쁜 것으로 단순화시킨다. 평가가 좋지 않으면 나쁜 것이라는 잣대로 자신을 바라보는 것은 물론

이고 다른 사람도 그렇게 대한다. 그러다 보니 사소한 일에도 쉽게 불쾌함을 느낀다. 그들의 세계에는 성공만 있을 뿐 나머지는 모두 실패로 여긴다. 게다가 그들은 실패로 인한 부정적인 감정을 싫어한다. 예를 들어 한 여성은 월수입이 최소 300만 원은 되어야 비로소 자신과 연애를 할 수 있는 자격이 된다는 기준을 갖고 있다. 그래서 이 조건이 아닌 다른 조건의 사람들은 그녀에게 연애 가능성이 조금도 없는 것이다. 그런 이유로 그녀는 수많은 연애의 기회를 포기했다.

| 낮은 자존감의 특징

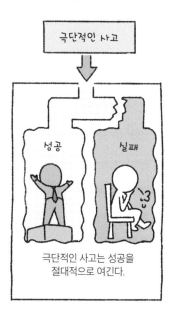

극단적인 사고는 성공을
절대적으로 여긴다.

지나치게 예민한 사람은 작은
감정적 문제에도 관계를 끊는다.

지나치게 예민해서 작은 스트레스에도 관계를 끊는다

낮은 자존감은 결핍된 감정의 고독과 어우러지면서 강력한 내적 블랙홀을 형성한다. 어떤 사람들은 이 때문에 더 쉽게 흥분하고, 어떤 자극도 그냥 넘기지 못하며 실패할 공산이 큰 일 앞에서는 도망가고 싶어하는 마음이 앞선다. 심리적인 압박으로 출구가 필요하기 때문이다. 또어떤 사람들은 사소한 일로 마찰을 빚는데 종종 그런 마찰이 일어나길 기다리거나 고의로 갈등을 빚으려는 경향도 보인다. 그 배후의 심리는 마찰을 통해 사회적 관계를 중단하고, 후에 거절당하거나 상처받을 가능성을 피하려는 것이다.

자존감 회복으로 연애의 기회를 만들자

자존감이 낮으면 연애에 대한 믿음을 상실할 수 있다. 긍정적인 자존감을 키운다면 높은 자존감으로 변화시켜 자신 있게 사회생활을 하고 더 많은 연애의 기회를 얻을 수 있다. 이를 위해 네 가지 단계를 제안하고자 한다.

- 우리 생활에서 마주한 좌절과 외부의 평가를 기억하고 인정하자.
- 넓은 마음과 공감능력으로 좌절과 외부의 평가를 받아들이고, 다른 사람들의 부정적인 평가에 휘둘리지 말자.

별 게 다 고민인 사람들을 위한 심리학

- 스스로 '모든 사람의 인생에는 부족한 부분이 있다'라는 점을 상기하자.
- 자신의 삶에 의미를 부여하자. 특히 우리가 소중하게 여기는 것들에 대해서 말이다. 삶에서 마주하는 도전을 통해 자아가 발전하고, 자존감을 유지한다면 자신이 생각하는 모습으로 살아갈 수 있다.

자신조차 부족한 면들만 보는데 어떻게 다른 사람들에게 우리의 밝고 아름다운 모습을 보여줄 수 있을까? 정말 솔로에서 탈출하고 싶다면 그 마음을 직시하자. 어려움은 늘 존재한다. 다만 어떻게 처리하느냐가 관건이다. 관계 속에서 자신을 잃는 것보다 우선 자신을 사랑하는 방법을 배우고 우리를 사랑해줄 수 있는 사람을 찾도록 하자.

10

새로운 사랑만
찾는 이유

곁에 있는 사람은 제쳐두고 늘 개방적인 태도로 일관하는 사람은 현실 생활에서 새로운 사랑을 하는 자신의 모습에 고통스러워 한다.

조지는 줄곧 믿음직스러운 남자였다. 매번 그의 마음을 흔드는 이성이 나타나면 이상적인 반쪽이라 여기며 그녀에게 온갖 정성을 다한다. 하지만 연인관계로 발전하게 되면 조지의 열정은 어느새 식어버리고 이것저것 따지며 트집을 잡기 시작한다. 본래의 굳은 신념 따위는 사라지고 마치 사소한 오해로 인한 해프닝처럼 만들어버린다. 그는 이런 문제에 부딪힐 때마다 매우 고통스럽다. 자신은 이런 사람이 아니라고 생각하고, 또 이런 사람이 되고 싶지 않지만 스스로를 통제할 수가 없다.

한편 어떤 사람들은 조지와 만났던 그녀들처럼 늘 새로운 사랑을 찾아 떠나는 남성을 만나 번번이 좌절하고 이별의 고통에 빠지게 된다. 그들은 왜 늘 새로운 사랑을 찾는 것일까?

새로운 사랑을 거절할 수 없다

새로운 사람을 좋아하는 것은 종족번식을 위해서다

세계적인 문화인류학자인 재레드 다이아몬드(Jared Diamond)는 자신의 책《섹스의 진화(Why Is Sex Fun?)》에서 자연계의 동물이 한 상대와 관계를 유지할 수 없는 중요한 원인은 두 동물의 결합 배후에 종족번식이라는 강력한 동기가 있기 때문이라고 주장했다. 번식의 목적을 위해 서로 건강한 배우자를 선택하고 건강하지 않은 동족은 외면하는 것이다.

인간은 더 많은 진화과정을 거쳤지만 본능적으로 더 적합한 배우자를 찾을 때 번식 이외의 요소에 대해서도 많은 고민을 하게 된다. 이런 고민으로 인해 마음은 더욱 심란해지고 새로운 사랑을 찾을 기회를 늘리게 된다.

새로운 사랑을 찾는 것은 내적 갈등의 결과다

과거 20년을 지난 세대와 비교해보면 남성과 여성의 평균 결혼 연령이 늦춰지면서 한편으로는 사랑할 대상을 찾을 기회가 많아졌고, 또 다른 한편으로는 선택장애에 빠지게 되었다. 이런 고통은 우리 마음속 갈등의 결과물이다.

- 기회비용: A를 선택하면 B를 잃게 되는 만큼 모든 선택에 집중할 수 없다. 이러한 선택의 결과는 계속해서 짝을 바꾸는 것이다.

- **침몰비용**: A를 선택하면 사랑을 해야 하고, 맞지 않을 경우에는 너무 많은 애정을 주어 벗어나기 어렵다. 이런 선택의 결과는 외도다.

인간은 심리적으로 손해나 잘못, 고통에 대한 기억을 쉽게 잊지 못한다. 우리가 최선을 다해 손실을 피하고자 하는 의지도 새로운 사랑을 찾는 핑계 가운데 하나다.

새로운 사랑을 찾는 것은 위험을 회피하기 위해서다

인류는 다양한 사회제도를 발전시켜왔는데, 이는 신뢰할만한 방식으로 자신의 권익을 보장하기 위해서였다. 예를 들어 대만의 혼인법 가운데 재산과 관련된 조례는 혼인재산의 법률규범을 보장하고 배우자에게 미래의 생활의 질을 보장하기 위함이다. 이는 사회적 지위와 경쟁력에도 영향을 미친다.

하지만 사회심리학자에 의하면 사회제도는 생존환경의 일부로 현대 사회의 체계를 확대시키는데, 이런 생존환경이 오히려 배우자를 선택하는 심리에 영향을 미친다는 것이다.

미국의 심리학자 옴리 길라스(Omri Gillath)의 연구에서는 경제조건이 나은 남성일수록 더 많은 노력을 기울여 혼인을 포함한 생활의 안정을 추구하는 것으로 드러났다. 반면 경제조건이 좋지 않은 경우는 자극적이며 외도를 하거나 어려움 속에서도 최대한 자신의 유전자를 남기려는 속성을 보이는 것으로 나타났다. 이로써 불안하고 조건이 좋지 않은 환경일수록 관계에 불성실하고, 제도 역시 제대로 기능을 발휘하지 못한다는 것을 알 수 있다.

새로운 선택을 좇는 선택장애 극복하기 ⓘ

그럼 우리는 어떻게 번식과 위험회피라는 동기로 인해 늘 새로운 사랑을 찾는 이 괴로움을 해결할 수 있을까? 또 자신이 새로운 사랑을 찾는 남성 또는 여성의 희생양이 되지 않기 위한 방법으로는 어떤 것들이 있을까?

미래와 과거보다 지금 얻을 수 있는 것에 집중하자

매번 새로운 사랑을 찾는 것은 좋은 일이 아니다. 이전에 만났던 사람과 이별하는 것이 나쁘다는 것은 아니다. 하지만 매번 감정적으로 득실을 따지는 데 급급해한다면 즐거움을 누릴 수 없다.

　우리가 과거의 손실을 잊지 못하고 지나치게 득실을 따지는 사람이 되면 지금 상대와 교류하며 얻는 감정에 소홀할 수 있다.

　과거의 감정들을 되짚어보면 새로운 사랑을 찾는 것은 일시적인 불안을 없애줄 뿐 진정한 사랑이 가져다주는 행복을 느낄 수 없었다는 것을 발견할 것이다.

새로운 사랑을 찾는 것과 내려놓는 것은 다르다

사랑하는 관계가 되었다면 '누구를 취하고, 누구를 버릴지'라는 기회비용 따위는 계산하지 말자. 이는 더 큰 선택장애를 안겨줄 것이다. 맞지 않을 경우 과거에 지불해서 이미 침몰한 비용은 회수할 수 없다는 것을 받아들이고 내려놓는 법을 배워야 한다.

　내려놓기와 새로운 사랑을 찾는 건 분명 다르다. 내려놓는다는 것은 과거 혹은 지금의 관계에서 자신의 성격과 특징을 파악하고 자신이 원하는 바와 원치 않는 바를 살펴 다음 선택의 리스크를 줄이는 것이다. 절대 무제한적인 선택을 통해 투기하듯 짝을 찾는 것이 아니다.

※ 심리학 조언

좋은 짝을 찾는 것은 기회가 많다고 되는 것이 아니라 지혜롭게 선택하는 방법을 알아야 한다. 처음과 끝이 같은 사람은 사랑 자체에서 기쁨과 성취를 얻는다. 잔꾀를 부리지 말고 더욱 착실해져야 한다.

11

지나간 연인을
잊는 법

우리는 미디어를 통해 유명 연예인과 배우들의 이혼 소식을 종종 접하고는 한다. 어떤 경우는 진흙탕 싸움을 벌이기도 하고 또 어떤 경우는 평화롭게 헤어지기도 한다. 샤오루는 이런 뉴스들을 접할 때마다 영원한 사랑은 없다고 생각했다. 더불어 시간이 더 흐르면서 사랑은 조금도 아름답지 않다는 사실을 깨달았다. 사람은 가고 잊을 수 없는 고통만 남았다.

지금까지 어디를 가도 어떤 풍경을 봐도 샤오루는 가슴이 아팠다. 도시 곳곳에 그와의 아름다운 추억이 서려 있고 영원히 잊지 못할 것 같았다. 그녀는 모두 잊고 다시 잘 지내보려 했지만 모든 것이 쉽지 않았다. 헤어진 지 2년이 지났지만 여전히 그의 안부가 궁금해 SNS를 들여다본다. 최근 친구가 소개해준 사람은 꽤 괜찮아 보였다. 샤오루는 이제 새로운 사랑이 오려나 보다 생각했다. 하지만 이틀 전 전 남자친구의 결혼사진을 본 샤오루는 가슴이 무너지는 것을 느꼈다.

별 게 다 고민인 사람들을 위한 심리학

지나간 사람을 잊는 것이 어려운 이유

과거를 떠올리며 헛된 생각을 하기 때문이다

사람은 터무니없는 생각을 하며 과거로 돌아가고 싶어 한다. 상상력을 동원한 이런 망상은 특정 시간으로 돌아가 다른 선택을 하려고 한다. 새로운 연애를 시작하면 숱한 현실적인 문제들과 부딪혀야 하는 만큼 피로감이 쌓인다. 예전의 연인을 잊지 못하는 것이 수시로 과거의 어떤 선택에 대한 후회를 드러내며, 입버릇처럼 '그때 내가 XX하지 말았어야 했어. 그럼 이렇게 되지 않았을 거야'라는 말을 내뱉는다. 아름다운 장면을 떠올리는 것이 간단한 만큼 사람들은 과거에서 헤어나오지 못한다.

사랑에 중독되었기 때문이다

감정을 내려놓지 못하는 건 사랑해서도, 사랑을 이어가기 위해서도 아니고 중독되었기 때문이다. 담배중독, 알코올중독처럼 즐겁지 않은 시간을 잠깐의 즐거운 시간과 바꾸고 싶은 것이다. 이런 기쁨에는 강한 의존성만 있을 뿐 관계를 호전시키거나 서로에게 긍정적인 에너지를 주지는 못한다. 한쪽은 놓아버렸는데 다른 한쪽은 관계를 유지하려 애쓰고 더불어 환상까지 품었다면 헤어지고 난 이후까지 그 환상이 지속되어 복합적인 상상을 하게 된다.

과거 떠올리기

사랑중독

득실 따지기

득실을 따지기 때문이다

연애를 하면서 주고받은 것들은 우리에게 기쁨을 안겨준다. 헤어지면 우리의 노력은 아무런 보답을 받을 수가 없다. 그래서 대개 더 많은 노력을 기울인 쪽이 예전의 연인을 잊기 어렵다. 사실상 이미 노력한 부분은 영원히 회수할 수 없다. 유일하게 할 수 있는 것은 새로운 목표를 세우고 새로운 관계를 만들고 이를 위해 또 다른 노력을 기울이는 것이다. 하지만 이는 결코 쉽지 않다.

사랑을 위한 노력은 보통의 투자보다 더 골치 아프다. 돈은 구체적인 숫자로 나타나지만 감정적인 노력은 계산할 수 없고, 자칫하면 너무 많은 노력을 기울인 나머지 회복하기 어려울 수도 있기 때문이다.

지나간 연인을 잊는 방법

예전에 헤어진 연인을 잊는다는 것은 끝내야 할 것을 아직 끝내지 못한 관계에서 빠져나오는 것이며 중독된 사랑을 끊어내는 것이다.

열등감도 겪어보고 강대함도 느껴보자

사랑은 우리를 비열하게 만들고 종종 어리석은 행동을 하게 만든다. 하지만 심리학자 아들러의 말처럼 비열함에는 여러 종류가 있고, 우리를 성장하게 만드는 건강한 비열함도 있다.

　헤어지고 난 후 얼마간 우리는 피폐해진다. 이런 생각에 지나치게 젖어 들면 자신 역시 피폐해지고 사랑에 대한 믿음을 잃게 된다. 그리고 우리를 사랑해줄 누군가를 만날 수 없을 것이라 생각한다. 우리는 스스로에게 헤어짐은 자신이 부족해서가 아니라고 말해야 한다. 뿐만 아니라 우리는 실패한 사랑에서 자신의 특성을 파악하고 자신과 더 잘 맞는 인연과 사랑의 유형을 알아둘 필요가 있다. 이런 노력은 오히려 다음 사랑을 할 때 도움이 될 것이다.

헤어진 연인과의 인연은 철저하게 끊어내자

금단증상과 마찬가지로 우선은 그를 떠올리게 하는 물건들을 치우자. 어떤 사람들은 추억을 이유로 헤어진 연인의 물건이나 연락처를 남겨두기도 한다. 하지만 가장 좋은 방법은 헤어진 연인과 관련된 모든 것을 내 삶에서 지우는 것이다. 그의 물건을 치우고, 전화와 메시지를 지우고 그의 SNS 연결고리마저 끊어내야 한다. 그렇게 함으로써 우리는 더 이상 그를 쉽게 떠올리지 못할 것이고 이별 후에 오는 아픔의 시기를 빠르게 보낼 수 있을 것이다.

공허한 수확이 아닌 진정으로 잃은 것을 계산하자

스스로에게 그 사람과 함께하면서 즐거운 시간이 많았는지 그렇지 않은 시간이 더 많았는지 물어보자. 만약 당신의 답이 '즐겁지 않은 시간이 많았다'라면 우리는 스스로 어떤 즐거움이 사실이고 어떤 것이 상상에서 비롯된 것인지, 또 어떤 부분을 바꿀 수 있고 어떤 부분이 이미 지나가 버린 일인지 알 수 있을 것이다.

'그때 그에게 전화하는 걸 기억했다면 좋았을 걸', '그때 더 잘했어야 했는데'와 같이 이미 되돌릴 수 없는 사실들을 되뇌는 것은 우리를 괴롭히는 일일 뿐이다. 이러한 일들은 모두 큰 비용으로 영원히 메울 수 없는 부분들이다. 과거 우리가 기울였던 노력들을 하나하나 되짚어보면서 진실과 허상의 비용을 제대로 계산해 정말 자신이 잃은 것이 무엇인지 고민해보자.

별 게 다 고민인 사람들을 위한 심리학

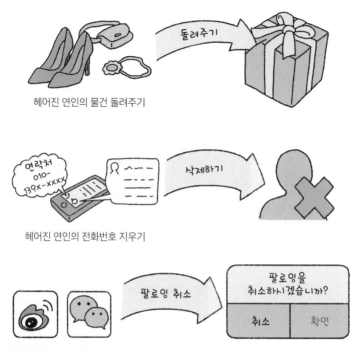

돌려주기

헤어진 연인의 물건 돌려주기

연락처
010-
139×-××××

삭제하기

헤어진 연인의 전화번호 지우기

팔로잉 취소

팔로잉을
취소하시겠습니까?

| 취소 | 확인 |

헤어진 연인의 SNS 팔로잉 끊기

☼ 심리학 조언

우리는 타임머신을 타고 과거의 아픔이 일어났던 그 시기로 돌아가고 싶어 한다. 하지만 그 시기는 영원히 다시 돌아오지 않는다. 모든 사람은 지금 현재만 살아갈 수 있고, 또 미래만 바라볼 수 있기 때문이다. 지나간 사랑 앞에서는 포기가 아니라 내려놓기를 해야 한다.

12

왜 나쁜 남자에게
끌리는 걸까?

"왜 늘 나쁜 남자에게 끌리는 걸까?" 과거 많은 상담사들이 이 문제에 대해 함께 고민해본 결과 기본적인 관점은 두 가지였다.

하나는 가정환경 문제다. 예를 들어 나쁜 남자인 아버지를 원망하며 평생 불행한 삶을 사는 어머니를 보고 자란 경우 자신은 아버지와는 완전히 다른 남자를 찾겠다고 말한다. 실제로 그런 아버지는 아버지로서는 괜찮을지 몰라도 결혼생활에는 충실하지 못했을 것이다. 늘 원망하는 어머니 앞에서 아버지에 대한 사랑을 표현할 수 없었던 딸이지만 성장과정에서 아버지는 필요했다. 결국 어른이 된 딸은 아버지와 유사한 남자를 보면서 아버지의 그림자를 찾는다.

다른 하나는 자존감이 낮은 경우다. 당신은 스스로 좋은 남자와는 어울리지 않는다고 생각한다. 그래서 소위 좋은 남자에게 호감을 갖고 만나고 싶어도 열등감에 사로잡혀 상대적으로 조건이 떨어지는 사람을 만난다. 마치 나쁜 남자라는 것을 알지만 자신에게 어울리는 건 그런 사람일 뿐이라고 여기는 것이다. 하지만 우리가 자신의 마음속 갈망을 억누르고 썩 내키지 않는 대상을 선택하지만 그들에 대한 분노까지 감

출 수는 없다. 이런 분노는 관계를 악화시키고 이런 상태가 지속되면
이혼하거나 상대를 관계 밖으로 내몰게 된다.

설상가상의 비탈길 효과

산다는 건 비탈길에서 큰 돌덩어리를 미는 것과 같다. 돌덩이는 우리
마음속의 부담이다. 이 돌덩이를 앞으로 밀며 올라갈 수는 있지만 더

| 비탈길 효과

이상 위로 밀지 않겠다고 마음먹으면 돌덩이는 걷잡을 수 없는 속도로 아래로 굴러떨어지고 만다.

심리학에는 절제 위반 효과(Abstinence Violation Effect)라는 말이 있다. 약속을 배신하고 또다시 잘못을 저지르는 현상을 말한다. 같은 잘못을 저지르면 우리는 매우 슬퍼지고 자신을 실패자라고 여기게 된다. 이때 두려운 저주가 우리의 귓가에 맴돈다. '나는 또 망쳐버렸어! 맞아. 나는 쓰레기야. 영원히 좋아지긴 틀렸어.' 이런 생각이 떠오르면 우리에게 관심있는 사람들에게 화를 내고, 그들에게 상처를 주며 더 깊은 죄책감을 느끼게 된다.

나쁜 남자를 버리고 새로운 사랑을 시작하자

일반적으로 나쁜 남자에서 '나쁜'이란 말은 말 그대로 질이 나쁜 사람을 말한다. 나쁜 남자를 선택하는 것은 삶의 질이 떨어지는 생활방식을 택하는 셈이다.

어느 누구도 열악한 환경에서 살길 원하지는 않는다. 설사 스스로 행복을 얻을 수 있을지에 대한 확신이 없다 하더라도 우리 역시 나쁜 남자의 따스함을 바란다. 이런 기대를 하기에 우리는 나쁜 남자에게 상처받는 것이다. 만약 나쁜 남자에게 크게 기대하지 않는다면 모두가 좋게 만나고 좋게 헤어질 수 있을 것이다. 그러므로 다시는 나쁜 남자와 어울리고 싶지 않다면 다음과 같은 노력을 기울여보자.

사실을 분명히 인지하자

나쁜 남자를 피하기 위해서는 우선 자신의 열등감과 상대에게 갖는 기대심리 또는 의존도에 대해 스스로에게 솔직해지려는 노력을 해야 한다. 자신의 취약점을 인정하는 것이다. 애정 결핍이 있다는 것이 상처받아도 될 이유가 되는 것은 아니다. 대개 우리는 그를 나쁜 남자라고

| 새로운 사랑

사실 인지하기

책임 있는 생활

인간관계에서 도움 청하기

말하면서도 속으로는 그렇게 생각하지 않으며, 마음속의 또 다른 목소리는 그를 지켜주고 싶다고 말하고 있다. 나쁜 남자를 멀리하기 위해서는 당신이 부정한다고 해서 그가 저지른 잘못이 없어지지 않는다는 사실을 인정해야 한다. 불론 그 사실을 인정하는 것은 매우 고통스러운 일이다. 그의 단점을 인정하는 것은 그가 자신에게 준 상처가 진실이라는 것을 인정하는 것과 마찬가지이기 때문이다.

생활에 책임을 지자

삶은 매우 다양하다. 하지만 앞으로의 삶을 꾸려나가는 건 삶에 대한 우리의 책임감이다. '나쁜'이란 말의 정의는 아주 다양할 수 있다. 가장 간단한 의미는 바로 책임지지 않는다는 것이다. 예를 들어 외도는 사랑에 대한 무책임한 태도고, 게임을 하며 허송세월을 하는 것은 생활에 대한 무책임한 태도다. 그래서 두 사람 모두 각자의 책임을 분명히 해야 한다. 누구와 함께하든 우리는 결국 혼자다. 우리가 아무리 사랑하는 사람이라고 할지라도 모든 책임을 대신 짊어질 수는 없기 때문이다. 아이가 아프면 엄마의 마음도 아프지만 아이를 대신해 아파줄 수 없듯이 말이다.

주변에 도움을 구하자

새로운 사랑을 하겠다는 용기를 다시 얻는 것은 우리가 혼자 할 수 있는 전투가 아니다. 우리가 느끼는 불안함에 대해 가까운 친구와 공유하고, 도움이 필요할 때는 함께 있어야 한다. 과거 주변에서 당신의 고민을 알지 못한 것은, 어쩌면 나쁜 남자로부터 받은 상처가 당신의 열등감과 관련 있기 때문인지도 모른다. 모두가 당신의 상황을 안다면 같은 실수를 하기 전에 당신을 붙잡아줄 것이다.

순간순간 닥치는 인생고민,
심리학으로 타파!

인생고민의 절반은 자신에게서, 절반은 삶에서 온다.
살다 보면 어려움, 막막함,
실망감 등에 직면하지만 과정이 어떻든 간에
우리의 소중한 인생경험들이다.
이런 인생고민들을 어떻게 해결해야 할지
함께 살펴보도록 하자.

01

행복한 삶이
일상이 되는 법

동창회에 가본 경험이 있는지 모르겠다. 나가려고 마음먹으면 오랜 친구들을 본다는 설렘과 함께 자신의 처지가 남들보다 못하면 어쩌지 하는 걱정이 밀려오며 흥분과 긴장감이 혼재한다. 졸업하고 몇 년이 지난 지금 일과 가정에서 기본적으로 갖출 건 다 갖췄다. 비록 대출이 있기는 하지만 요즘 빚 없는 사람이 어디 있겠는가. 동창회 당일 어느 것 하나 나보다 잘난 것 없는 친구를 만났다. 한참을 얘기하다 보니 분명 가진 건 내가 더 많은 것 같은데 저 친구만큼 행복하지 않은 기분이다.

이 남보다 못한 느낌은 우리가 불행하다는 의미일까? 어떻게 해야 다른 사람들처럼 행복하게 살 수 있을까?

(!)

현실은 원래 완벽하지 않다

행복하지 않다는 감정은 삶이 무의미하게 느껴져서 오는 공허함이다. 동시에 현실과 괴리감을 느끼는 것이다.

심리학자이자 게슈탈트 치료법을 고안한 프리츠 펄스(Fritz Perls)는
인간의 존재의미는 지금에 대한 느낌에 있다고 말했다. 이런 느낌은 외
부에서 얻는 감각과 마음속 느낌까지를 포함한다. 우리는 삶의 행복을
잃어버리기 전에 이미 생활 속의 진실한 감정(다양한 느낌)을 잃어버렸
다. 이것은 마음속 고통을 없애는 방법이다. 공허함, 무의미함, 막막함
등과 같은 마음속 고통을 해소하는 일종의 방식이다.

우리가 세상과 거리를 두고 감정과 거리를 두면 스스로 감정적인
혼란과 거리를 둘 수 있다. 우리가 자신의 마음을 감옥에 가두는 것
도 고통을 느끼는 마음과 행복을 느끼는 마음은 결국 하나의 마음이

| 완벽하지 않은 삶 받아들이기

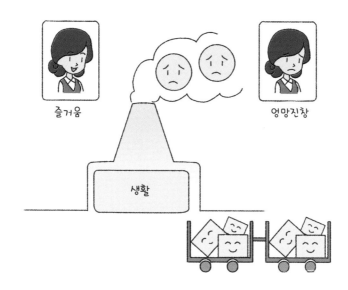

기 때문이다.

따라서 늘 행복한 일상을 만들고 싶다면 비교하지 않고 거리를 두지 않으며, 삶에는 기쁨과 고통이 공존한다는 사실을 인정해야 한다. 마치 영화 〈포레스트 검프〉에 나온 대사 "삶은 초콜릿 상자와 같아. 어떤 맛일지 영원히 알 수 없지"와 같이 그저 행복한 맛만 원하고 좌절과 실의에 대한 느낌을 확대해석하는 것은 초콜릿에 쓴맛도 있다는 걸 잊은 것이다. 살아가면서 부딪히는 갖가지 어려움들을 겪으며 우리는 삶의 모습을 똑바로 볼 수 있고 더욱 성숙해질 수 있다. 현실은 완벽하지 않다. 이게 정상이다. 우리가 이런 현실을 인정하고 받아들인다면 우리는 현실 앞에서 슬기로운 삶의 지혜를 찾을 수 있을 것이다.

모든 사람들은 사랑받을 가치가 있다

어떻게 해야 현실을 받아들이고 삶이 고통스럽다는 생각으로 행복을 옭아매지 않을 수 있을까?

사실 많은 사람들은 자신을 사랑하지 않는다. 스스로 사랑받을 자격이 없다고 생각하기 때문이다. 화목하지 않은 가정에서 자란 아이는 어른이 되어 행복할 기회가 찾아와도 거부하고는 한다. 어른이 되어서도 여전히 자유롭지 못하고 원래의 가정에서 완전히 벗어나지 못하는 것이다. 그들은 잠재의식 속에서 자신은 여전히 그 가정의 구성원이고,

별 게 다 고민인 사람들을 위한 심리학

행복과는 어울리지 않는다고 생각하고 있는 것이다.

원래의 가정을 벗어나면 부모에게 사랑받을 기회는 영영 사라져버릴 것이라고 마음속 깊이 믿고 있는 것이다. 이런 열등감은 우리를 향한 타인의 사랑을 등한시하고, 자신에 대한 사랑을 간과하게 만들어 사랑받을 자격이 없고 행복과는 어울리지 않는다고 생각하게 만든다.

사실 우리를 사랑해달라고 요구할 수는 없다. 하지만 스스로를 사랑할 권리는 있지 않은가. 다른 사람과 상관없이 나 자신을 사랑할 수 있다면 다른 사람과 굳이 비교하지 않아도 된다.

행복은 알을 품는 것과 같다. 모든 알은 개성이 있다. 크기도 다르고 형태도 다르다. 부화하고 난 모든 행복은 진실하고 저마다의 존재감이 있다. 자신을 사랑하는 것은 자신이 유일무이한 존재임을 인정하는 것이다.

일상의 행복은 일상에 있다

자신이 허구의 사랑 속에 살고 있다고 생각하는 것은 모든 걸 마음대로 할 수 있다고 착각하며 꿈속에 사는 것과 다르지 않다. 일상에서 아주 사소한 일조차 자신의 마음대로 되지 않으면 우린 불쾌함을 느낀다.

게슈탈트 학파의 관점에서는 행복해지고 싶다면 환상을 품거나 기억 속의 장소 혹은 시간에 사는 것이 아니라 지금 이곳, 이 시간에 살아야 한다. 10년 전 연인과 헤어지고도 마음속으로 여전히 그 자리에 머물러 있다면 영원히 다른 사람을 만날 수 없을 것이다. 또 아직 어린아이가 환상 속의 완벽한 세계를 기준으로 현실 속의 삶을 평가한다면 영원히 현실에 만족하지 못할 것이다. 원래는 결벽증이 있던 사람도 아이를 키우다 보면 매일같이 아이의 변을 확인하고 씻겨주는 데서 인생 최고의 행복을 느끼기도 한다.

　삶은 완벽하지 않으며 종종 불행도 만날 수 있다는 사실을 받아들이고 좌절감을 마주한다면 우리는 환상에서 깨어나 진실한 나는 물론 자신을 사랑할 수 있는 기회를 얻게 될 것이다.

심리학 조언

일상의 행복은 어디에 있을까? 넓은 마음으로 삶을 대한다면 행복의 길을 걸을 수 있을 것이다. 삶은 완벽하지 않고 종종 불행도 만날 수 있다는 사실을 받아들이면, 우리는 환상에서 깨어나 진실한 나와 사랑할 수 있는 기회를 얻게 될 것이다.

02

진정한 나를
이해하는 법

무엇이 진정한 나일까? '나는 누구인가'라고 묻듯이 말이다. 간단히 말하면 '나는 자신이 선택한 종합체다.' 살면서 '여자친구와 헤어져야 할까?' '선을 본 사람과 결혼해야 할까?' '회사의 처우가 마음에 들지 않으면 계약을 중지하자고 하는데 어떻게 해야 할까?' '부모님에게 잘 지내고 있다고 거짓말을 했지만 벌써 해고된 지 한 달이나 되었다. 이 사실을 어떻게 말하지?' 등과 같은 문제들은 언제든 생길 수 있는 것들이다. 자신을 이해하고 싶다면 자신이 한 선택을 살펴보자. 개인적인 나, 사회적인 나, 이상적인 나, 이 세 가지 관점에서 자신의 모습을 정의내릴 수 있다.

선택의 모습

아마존의 CEO 제프 베이조스(Jeff Bezos)는 2010년 프린스턴대에서 강의할 때 현장의 졸업생들에게 선택의 의미에 대해 고민할 기회를 주었

❗ 우리는 개인적인 나, 사회적인 나, 이상적인 나의 관점에서 자신을 정의할 수 있다.

다. 당시 몇 가지 문제들은 답하기가 꽤 어려웠다.

- 잘못을 저질렀다면 은폐할 것인가, 사과할 것인가?
- 자신이 냉소적인 사람이 되길 바라는가, 건설적인 사람이 되길 바라는가?
- 자신의 기발한 재능으로 다른 사람을 이용할 것인가, 선량한 곳에 활용할 것인가?

간단히 말해 각각의 선택의 결과는 우리가 왜 우리인지를 알려준다.

지존감이란 무엇인가: 개인적인 나

자신의 잘못을 솔직하게 인정하지 않는 사람들이 있다. 인정하느니 더 많은 시간과 정력을 기울여 잘못으로 인한 영향을 덮고 마땅히 따라야할 이치를 왜곡하려고 한다. 이는 자기 존중에 대해 잘못 이해하고 있는 것이다. 자존감을 지키는 것은 사람들 앞에서 체면을 차리는 것이 아니다. 체면은 잠깐 동안의 이미지일 뿐이다.

진정한 자존감이란, 스스로에 대한 장기적인 평가다. 단기간에 이루어지는 다른 사람의 평가에 지나치게 주목할 필요는 없다. 윤리주의자 리머(Reamer)의 말대로 윤리적인 선택을 할 때는 개인의 행복을 타인의 자유보다 우선한다. 타인에게는 평가의 자유가 있지만 우리가 추구하는 것은 개인의 행복이고 개인의 행복은 타인의 순간적인 판단으로 결정할 수 없다.

시민이란 무엇인가: 사회적인 나

사회문제에 대해 일부 사람들은 시시비비를 가리지도 않고 용감하게 앞장서서 자신의 권익을 수호하려고 한다. 사람들의 마음속에는 이상 외에도 정과 도리, 그리고 법이 어우러진 원칙이란 것이 있기 마련이다. 어떤 사람들은 침묵을 택한다. 사회에서 나타나는 것은 개인이 대중을 대하는 마음가짐이다. 관계와 사회집단을 대하는 개인의 마음에는 이성, 신뢰, 감정이 작용한다.

친밀한 관계를 살펴보면 어떤 사람들은 사랑을 시작해 결혼에 이르기까지 미래의 반평생 동안 얼마를 쓰고, 몇 명의 아이를 낳고, 또 어떤 생활을 할지 계산할 정도로 이성적인 분석을 한다. 또 어떤 사람들은 가정에 대한 책임과 같은 신뢰를 중시한다. 그래서 그런 사람들은 전체 가족이나 가족이 인정한 상대와 함께하는 것을 좀 더 쉽게 받아들인다. 다른 부류의 사람들은 인간관계에서 감정을 특히 중시하기도 한다.

하지만 감정만 앞세우고, 심지어 감정을 분출하는 데만 열을 올린다면 자발적으로 감정의 노예가 되어 가정을 일구고 사업적인 성공을 이루기 위해 써야 할 시간과 정력을 감정에 낭비할 수 있다. 사회적인 나는 이성, 신뢰, 감정의 상호작용을 통해 수많은 관계 속에서의 내 자리를 만들어간다.

지혜란 무엇인가: 이상적인 나

앞에서 우리는 자신에 대한 인식은 여러 가지 측면의 생각을 종합한 결과이고, 여기에는 개인적인 나도 포함되며 모든 사람의 자존감의 출처와도 연관된다고 언급했다. 사회적인 나는 사회에서 어떤 자리에 있느냐에 관여한다.

앞에서 설명한 두 가지는 의식적인 측면으로 현실적인 삶과 연결된다. 이밖에 이상적인 나는 마음속으로 되고 싶지만 실현 가능할지 알수 없는 자아다. 마치 대통령, 배트맨 혹은 짝사랑하는 사람의 배우자가 되고 싶은 것처럼 말이다.

개인적인 나, 사회적인 나, 이상적인 나. 이 모두는 자기인식에 대한 내용이다. 우리는 현실에서 자아를 찾고 자아를 실현해야 한다. 동시에 이상적인 이미지를 우리의 목표로 삼아야 한다. 이상적인 자신을 실현

별 게 다 고민인 사람들을 위한 심리학

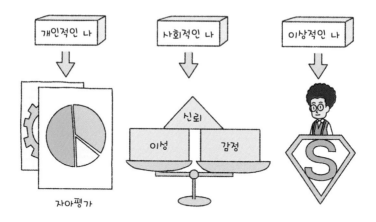

하기 위해서는 지혜가 필요하다. 사회적인 나의 책임과 개인적인 나의 행복이 충돌할 수 있기 때문이다. 예컨대 가정을 위해 처우가 좋은 일을 포기하거나 가족을 위해 개인의 자유를 포기할 수 있지만, 이런 선택을 할 때는 반드시 현실과 이상 사이의 밸런스를 맞춰야 한다.

※ 심리학 조언

이제 마음을 내려놓고 몇 초 동안 자신이 한 선택들을 떠올려보자. 지금의 당신이 만든 그 중요한 선택들을 돌아보는 것이다. 그래야 지금의 자신을 볼 수 있고, 나아가 미래의 자신도 볼 수 있다. 삶 속의 소소한 모든 일들은 우리가 깊이 생각해보고 세심하게 음미해볼 가치가 있다.

03

즐거운 인생을
사는 법

2013년 국제학업성취도평가 결과에서 상하이 학생들은 수학, 독해, 과학 세 과목에서 65개 참가국 중 1등의 영광을 안았다.

일부 학부모들과 선생님들이 이 성적에 열광하고 있을 때 우리가 주목한 것은 다른 데이터였다. 우선 상하이 학생들의 주간 숙제시간 역시 세계 1등으로 13.8시간이었다. 기타 국가 평균의 두 배와 맞먹는 시간이었다. 두 번째로는 수학 성적은 1등이었지만, 학생들의 수학에 대한 선호도 순위는 꼴찌였다. 어떻게 된 일일까? 이 순위는 아이들이 정말로 원해서 수학을 했던 것이 아니라 아무도 그 아이들에게 정말 원하는 것이 무엇인지 묻지 않았다는 사실을 잘 보여준다.

즐거움의 전제는 진정한 자신을 받아들이고 사랑하는 것이다. 만약 비교가 생활화되어 있다면 즐거움은 다른 사람의 손에 쥐어진 것이나 다름없다. 긍정심리학에서 말한 대로 진정한 즐거움은 의미 있는 행동에서 얻어진다. 모든 사람은 자신만의 의미를 찾아야 한다.

정말 자신을 사랑하는가

행동경제학자 댄 애리얼리(Dan Ariely)는 자신의 책《경제 심리학(The Upside of Irrationality)》에서 인간의 비합리적, 비이성적 심리는 다음의 네 가지 특징을 보인다고 밝혔다.

- 자신이 기울인 노력은 업무성과에 영향을 미치고, 우리 자신과 성과에 대한 평가를 변화시킨다.
- 많은 노력을 기울인 만큼 더 많은 미련을 낳는다.
- 자신의 업무성과를 지속적으로 과대평가하다 보면 다른 사람들 역

| 업무수행 효과

이기기 위해 심혈을 기울인다.

가장 좋아하는 것

생산

포기

시 자신의 작품을 선호한다는 착각을 하게 된다.

• 비록 최선을 다했지만 노력한 만큼의 성과가 없을 경우 그 일에 대해 큰 미련을 두지 않는다.

애리얼리는 간편식 빵에 대한 예를 들어 설명했다. 한 식품회사는 한 번에 조리할 수 있는 빵의 밀가루를 최초로 연구 개발했다. 편의성을 갖춘 식품이었지만 소비자들의 반응은 냉담했다. 심리마케팅 전문가들의 평가결과, 소비자의 관점에서 지나치게 편리한 제품을 사용하면서 자아정체성을 찾을 수 없었던 것이다. 그래서 식품회사는 조리과정에서 소비자가 약간의 노동력을 활용할 수 있도록 개선했고 비로소 판매실적 부진을 만회할 수 있었다.

다시 말해 즐거움을 느끼지 못한다는 것은 일상생활 속에서 행동이 부족하다는 것이다. 몸을 움직이며 무엇을 한다는 것은 삶의 의미를 느끼게 해준다. 아무것도 하지 않고 산송장처럼 산다면 어디서 즐거움을 얻을 수 있겠는가? 그러므로 겉으로는 자아를 유지하는 것처럼 보이더라도 몸을 활용하지 않는다면 맹목적으로 자기기만을 하는 것일 뿐이다.

진실한 자아가 가져오는 즐거움

미국의 심리학자 배리 슈워츠가 자신의 책《선택의 패러독스(The Para dox of Choice)》에서 말한 대로 우리는 마주하는 수많은 선택 앞에서 비교한다. 하지만 비교는 결정을 더 어렵게 만든다. 우리는 이성적으로 결정할 수 없으면 종종 만족할만한 결정을 하지 못하거나 아예 결정을 포기하고는 한다.

그는 한 실험을 예로 들어 설명했다. 슈퍼마켓에 매니큐어가 여섯 가지 진열되어 있을 때는 대다수 사람들이 선택할 수 있었고, 대부분 그 선택에 만족했다. 하지만 종류가 스물네 가지로 늘어나자 10%도 안 되는 사람들만이 겨우 선택을 하고 그 선택에 만족했다.

우리는 자신의 진정한 욕구를 바라봐야 하는데 진정한 자아를 소홀히 한 채 다른 사람과 비교한다. 모든 즐거움은 우리가 차곡차곡 쌓아 온 삶에서 찾을 수 있고 그런 즐거움은 안정적이다. 즐거움은 진정한 만족감을 느꼈을 때 비로소 꽃을 피운다.

반대로 우리가 생활 속의 즐거움을 느끼지 못하는 것은 자아를 잃어버렸기 때문이다. 어떤 사람들은 일을 삶의 중심으로 여기고, 또 어떤 사람들은 삶을 일의 중심으로 여긴다. 어떤 사람들은 자신을 위해 열심히 살지만 어떤 사람은 다른 사람을 위해 바삐 살아가는데, 그것은 자신이 진정으로 원하는 것을 모르기 때문이다.

6종류의 매니큐어는 쉽게 선택할 수 있다.

24종류의 매니큐어는 선택이 어렵다.

행복 자체가 바로 삶의 목적이다

홍미로운 사실은 즐거움도 행복을 구성하는 한 부분이며 행복 자체가 바로 삶의 목적이다. '왜 행복을 좇느냐'고 굳이 물을 필요가 없다. 하지만 우리는 자신이 추구하는 목적을 정하고 실현방법을 찾고 행동에 옮길 필요가 있다. 만약 우리가 마음속의 진정한 욕구를 파악하고 외부의 가치를 위한 맹목적인 신념을 내려놓는다면 평범한 삶 속에서도 진정한 행복을 느낄 수 있을 것이다.

심리학 조언

즐거움은 어둠 속의 빛과 같다. 만약 바깥세상만 바라보면 다른 사람의 빛만 좇게 될 것이다. 하지만 마음의 안정을 취하고 자신을 돌아본다면, 즐거움이란 외부에서 얻어지는 것이 아니라 우리 스스로가 발산하는 빛이라는 사실을 발견할 수 있을 것이다.

04

외로움이
느껴진다면

외롭다고 느낀다면 기다리지 말고 적극적으로 헤쳐나와야 한다. 외로움의 악순환은 상처를 피하고 싶은 마음에서 시작되며, 이 때문에 진심이든 무의식중에서든 우리를 돕고자 하는 사람들과 거리를 두게 된다. 그래서 좋은 교류를 하는 긍정적인 관계라고 느끼지 못하고 관계 속 역할에 대해 부정적으로 생각하게 된다. 그렇게 우리는 점점 외로움에서 탈출할 기회를 잃고 있다. 왜냐하면 우리는 다른 사람과 공감하고 동정을 받아들일 용기를 잃었기 때문이다.

동정심은 천성적인 것일까

미국의 신경과학자 메리 헬렌 이모르디노-양(Mary Helen Immordino-Yang) 교수는 MRI를 통해 인간의 대뇌 해마회는 사람과 사람 사이의 생리적이고 심리적인 아픔에 대해 깊이 공감하는 천성을 가졌으며, 이것이 사회에서 사람과 사람을 연결하는 기초라는 사실을 발견했다.

유명한 클라크 인형 실험에서도 유사한 결과가 나왔다. 백인 아이는 화면에 등장한 같은 백인 아기가 불공정한 대우를 받고 있으면 불쾌함을 느낄 것이다. 만약 인간에게 천성적으로 동정심이 있다면 자연스럽게 동정심을 불러일으키거나 동정심을 유발하는 행위를 할 것이다. 동정심은 다른 사람에게 손길을 내밀어 돕고 싶은 마음이 생기게 한다. 만약 동정심이 선한 품성의 일부라면 왜 어떤 사람들은 동정을 원치 않는 것일까? 또 타인이 동정하는 것을 두려워하고 혼자 살려고만 하는 것일까?

외로움은 삶의 질을 보여주는 신호다

인류와 다른 동물의 가장 큰 차이는 강한 동정심으로 타인과 공감할 수 있다는 데 있다. 다시 말해 이는 인류가 종족과 각자의 생명을 유지하는 방식이다.

우리가 외로움을 느낀다는 건 일종의 신호다. 자신이 무리와 어울리지 못한다고 느끼는 순간 이런 외로움은 생존의 위기를 촉발시킬 수 있다. 누군가를 구원하고 싶다면 동정심이라는 천성을 이용해 다른 사람의 고통을 느끼고 도움을 준다. 그래서 적절한 동정심을 표하는 것은 조화로운 사회의 표식이다. 어떤 사회의 사람들은 자신의 동정심을 억누르고 심지어 타인의 동정심에 대해서두 거부감을 느낀다. 이렇게 서

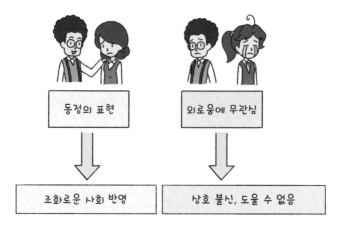

로 독립적이고 강한 경계심을 드러내는 것은 사회 전반에 깔린 불신으로 인해 서로 도울 수 없는 부조화를 이루고 있음을 반영한다. 고독은 강하다는 말의 동의어가 아니다. 외로움은 더 나은 삶이 아니라 개인과 단체에게 이롭지 않은 삶을 가져온다. 따라서 우리가 외로움을 느끼면서 편하지 않다면 가치관과 삶을 돌아볼 좋은 시기인 것이다.

마음이 단단해야 나를 보여줄 수 있다

외롭다고 느낄 때 우리는 다음의 방법을 통해 원인을 따져보고 정확하게 직시할 필요가 있다.

우리의 열등감을 살펴보자

열등감은 누구에게나 있다. 외로움처럼 누구나 느끼는 것이다. 열등감은 우리를 외롭게 만드는 원인 가운데 하나다. 여러 사람이 식사를 하고 나면 늘 먼저 계산서를 들고 나서는 사람이 있다. 이런 사람들은 공작이 꽁지를 펼쳐 아름다움을 과시하듯 자신의 능력을 보여주며 관계에서 자기 위치를 확인하려는 것일 수도 있다. 열등감은 다른 사람이 떠나가서 외로워지는 것에 대한 두려움을 느끼게 한다. 하지만 표면적인 강인함으로는 마음을 나눌 수 있는 친구를 만나지 못한다. 만약 계속해서 겉모습에만 치중한 채 자신의 열등감을 직시하지 못한다면 다른 사람과 거리를 두고 스스로를 고립시킬 수밖에 없다.

| 외로움 이기기

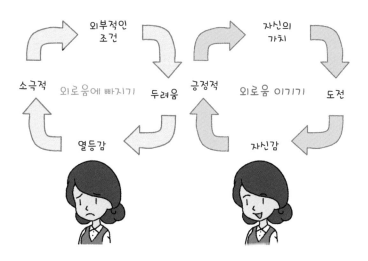

외로움의 힘을 타인에게 쓰자

관계 속에서 상호작용을 유지하며 스스로를 외롭지 않게 하는 사람은 기꺼이 다른 사람을 도울 수 있다. 외로움을 견디며 자신의 강인함은 확인할 수 있을지 모르지만, 결과적으로 외로움에만 의지할 수 있을 뿐 무리의 힘은 잃고 만다.

야구경기에서 보듯이 아무리 대단한 투수도 팀원들의 도움 없이는 경기에서 이길 수 없다. 자신의 존재가치에 대해 긍정적인 자세로 바라보는 사람은 관계 속에서 배우자, 친구, 가족들과 서로 신뢰하며 상호 도움을 주고받는다. 노력을 기울이면서 우리는 자신의 강인함을 입증하고, 동정심을 갖고 타인과 협력하며 더 큰 힘을 발휘할 수 있다. 만약 다른 사람의 동정심이 당신을 불편하게 만들고 다른 사람과 협력하고 싶은 마음이 추호도 없다면 왜 무리와 마음을 나눌 수 없는지 생각해보며 마음의 자유로움을 유지해야 한다.

※ 심리학 조언

외로움은 우리의 좋은 스승이자 친구다. 외로움을 통해 우리는 동정의 진리를 파악하고 열등감의 긍정적인 면을 봐야 한다. 다른 사람과 감정교류를 하면서 왜 외로움을 느끼는지 돌아보고 내적인 불안과 공포를 살펴보아야 한다.

별 게 다 고민인 사람들을 위한 심리학

05

내겐 눈길조차
주지 않는 행운의 여신

살다 보면 세상 참 불공평하다는 것을 느낀다. 삶에 대해 늘 불평불만을 늘어놓는 사람이 있다. 열심히 공부한 건 나인데 시험을 보면 실컷 놀다 온 친구의 성적이 더 우수하고, 상사의 지시에 따라 소처럼 일한 건 우리인데 승진의 특혜를 거머쥔 건 상사의 의견에 반기를 들었던 동료다. 나는 유학비용을 마련하려고 장학금 혜택을 찾아 헤매는데 어느 누구는 선뜻 큰돈을 기부하며 보란 듯이 명문대에 입학한다….

이처럼 다른 사람이 나보다 나아 보이고 늘 재수가 좋아 보이는 건 수양이 부족해서가 아니라 인간의 본성이다.

인간은 본능적으로 불공정에 반대한다

인간은 본능적으로 공평함을 좇는 성향이 있다. 미국 워싱턴대 심리학과 제시카 소머빌(Jessica Sommerville) 교수는 15개월 된 아이들을 대상으로 두 편의 짧은 영상을 보여주는 실험을 통해 공평함에 대한 아이들

의 느낌을 관찰했다.

첫 번째 영상에서는 두 사람에게 과자를 나눠주었다. 처음에는 두 사람에게 똑같이 나눠주었고, 이후에는 한 사람에게 더 많은 양의 과자를 주었다. 두 번째 영상에서는 우유 한 통을 같은 방식으로 두 사람에게 나눠주었다.

아기는 놀랐을 때 주목하는 시간이 길다는 점에 착안해 교수는 음식 분배 과정에 대한 아이의 집중력 지속시간을 측정했다. 그 결과 한 사람에게 더 많은 양을 주었을 때 주목하는 시간이 더 길었다. 다시 말해 아기는 음식을 공평히 나눠야 한다고 생각한 것이다. 그래서 한 사람에게 더 많은 양의 과자와 우유를 주었을 때 더 많이 놀란 것이다.

우리는 다른 사람이 쉽게 행복을 느낄 수 있다면 불공평하다고 생각한다. 심리학적 관점에서는 군이 도덕적 관점의 관용을 고려할 필요가 없다. 이런 감정은 본능적인 것이기 때문이다. 그렇다면 왜 이런 감정을 자유롭게 발전하도록 할 수 없는 것일까?

공평함에 대한 인간의 본성

인간은 본능적으로 공평에 대한 호불호가 있다. 하지만 이런 좋고 나쁜 마음은 절대적이지 않으며 상대적이다. 사실 인간의 본성이 한편으로는 공평을 추구하면서도, 다른 한편으로는 자신의 이익극대화를 꾀하기 때문이다.

사람들은 불공평한 상황보다 공평한 상황을 좋아한다. 하지만 불공평한 상황이 자신과 주변에 이득을 가져다준다면 그들은 기준을 바꾸고 불공평한 일에 대해 눈을 감고 귀를 막는다.

역지사지의 어려움

일반적으로 역지사지는 상대의 입장에서 이해하여 오해를 푼다는 좋은

의미의 개념이다. 하지만 반대로 말하자면 역지사지를 하지 않으면 인간관계에 간극이 생기게 된다.

저마다의 사회적 지위와 배경, 성별, 언어 등의 요소들을 상대의 입장에서 생각하기는 쉽지 않다. 때로는 이러한 것들로 적과 자신을 가르기도 하며, 소수의 사람들만이 상호 간의 갈등과 편견을 버리고 오해를 풀기 위해 애쓴다. 하지만 대부분의 사람들은 틀린 대로, 자신이 인정한 것이 올바른 생각이라고 착각하며 살아간다. 소머빌의 실험에서 나타났듯이 사람들은 공평을 추구하면서도 자신의 이익추구라는 본성의 제약을 받게 된다. 인간성은 선과 악이 뒤섞여 있고, 갈등하며 점진적으로 형성되고 무너지고 다시 만들어지며 내적 조화를 이룬다.

소머빌의 공평함에 대한 실험은 인간성에 대한 경각심을 불러일으켰다. 우리는 다른 사람의 성공을 질투하고 다른 이의 행복을 시샘한다. 그렇다면 우리가 공평함에 대한 감정 이외에 또 어떤 요소들의 영향을 받고 있는지 생각해볼 필요가 있다.

마음속 공평의 진면목

다른 사람의 행복은 우리를 슬프게 한다. 아마도 다른 사람의 행복이 사랑받지 못하는 자신의 아픔을 자극해서일 것이다.

취업을 미루기 위해 대학원에 진학한 학생은 늘 나보다 성적이 나빠서 대학원도 낙방한 친구가 취업에 성공했다는 소식을 들으면 나보다 나아진 친구의 모습에 마음이 불편할 것이다.

우리는 종종 우리가 비판하는 사람을 이해하지 못하고 단지 상대방의 행복한 표상만 갈망할 뿐이다. 그리고 개인의 삶의 경험을 진정으로 이해하려 하지는 않고 단지 눈앞에 보이는 것만 보고 불만을 표시한다. 그런 불만들이 쌓이는 것은 불공평에 대한 보편적인 현상이 아니라 우리의 내적 불만이다. 자신이 성공하지 못한 데 대한 원망이고, 승자만 살아남는 잔혹한 사회현실이 가져다준 열등감인 것이다. 우리가 근본적으로 원하는 것은 다 같이 공평한 것이 아니라 다른 사람보다 한 발 앞서 나가서 자신이 원하는 행복을 얻는 것이다.

마지막으로 우리 스스로에게 다음의 네 가지 질문을 던져 반성하면서 자신이 과연 공평함을 추구하는지, 아니면 다른 사람의 행복에 마음이 아프고 불편한지를 알아보자.

- 나는 정말 공평한가?
- 타인과 나를 대하는 기준이 내 입으로 말하는 공평한 원칙에 부합하는가?
- 나는 자신의 진실한 욕망을 직시하는가?
- 나는 마음속의 감정을 해소할 줄 아는가?
- 나는 왜 다른 사람의 삶이 나의 감정을 지배하도록 하는가?

※ 심리학 조언

다른 사람의 행복에만 초점을 맞춘다면 자신의 행복은 어떻게 바라볼 수 있을까? 자신의 삶을 원망하며 시간을 보내는 것보다는 지혜를 쌓아 자신을 충실히 하는 데 시간을 할애하는 것이 낫다.

별 게 다 고민인 사람들을 위한 심리학

06

내 인생에도 해가 뜰까?

상담심리학에는 '극단적 사고'라는 용어가 있다. 이는 생각이 지나치게 좋거나 지나치게 나쁜 경우를 일컫는다. 마치 병에 걸리자마자 죽음을 생각하고, 로또를 사자마자 1등이 된 듯 떠벌리는 것처럼 말이다.

인생은 가능성으로 가득 차 있다. 우리가 나쁜 습관을 고치고 좋은 습관을 만들 수도 있는 것처럼 말이다. 하지만 유전자를 바꾸는 것은 또 별개의 문제다.

인생은 부분적으로 변화할 수 있다. 하지만 완벽하게 바꾸는 것은 불가능하다. 그럼 왜 누구는 바꿀 수도 없고, 고무적인 방향으로 전환하기가 그리도 힘든 것일까? 때로 그 답은 우리 스스로 변화가능성을 억누르는 데서 찾을 수 있다. 스스로에게 "어떻게 바뀔 수 있겠어?", "나는 영원히 이렇게 살 수밖에 없어"라고 말한다면 지나치게 나쁜 생각만 하는 극단적인 사고에 빠질 수 있다.

힘든 상황에 마비되면 변화를 꿈꿀 수 없다

다른 사람의 고통은 동정심을 불러일으키고 그 동정심은 우리 자신의 방어기제를 자극할 것이다. 길모퉁이에서 몸이 불편한 사람이 구걸하는 모습을 보면 누군가는 친절하게 다가갈 것이고, 또 누군가는 못 본 척 지나칠 것이다. 또 누군가는 부자연스러운 몸짓으로 어찌할 바를 모르고 신호가 바뀔 때를 기다렸다는 듯이 빠르게 그 자리를 피할 것이다. 그리고 길에서 도움이 필요한 사람을 보면 친절하게 도움을 주던 사람도 뉴스에서 보도되는 각종 재난소식에는 점점 무뎌진다.

무뎌진다는 건 우리 삶에 심리적인 여유를 주지만 더 이상 의미 있는 삶을 추구하기가 어려워졌다는 것을 의미하기도 한다.

학습된 무기력은 무감각의 심리적인 요인

우리가 어떤 일에 대해 습관을 기르면 일정 부분 고통에서 벗어나는 데 도움이 된다. 심리학의 한 이론인 학습된 무기력(Learned Helplessness) 은 1975년 미국의 심리학자 마틴 셀리그만의 실험에서 그 기원을 찾을 수 있다. 셀리그만 박사는 세 가지 상황을 설정하고 개를 대상으로 전기충격을 가했다.

별 게 다 고민인 사람들을 위한 심리학

• 상황 A: 실험자가 개를 가두었다가 얼마 후 풀어주었다.
• 상황 B: 전기충격을 받아 발버둥치던 개가 나무 막대기를 조작하면 전기충격이 멈춘다는 것을 깨닫게 했다.
• 상황 C: 전기충격을 받은 개가 무슨 행동을 해도 전기충격이 멈추지 않도록 했다.

실험결과, 상황 A와 상황 B의 개는 이후 자유를 얻을 수 있다는 상식을 회복할 수 있었다. 하지만 상황 C를 겪은 개는 칸막이가 높지 않은 다른 상자에 옮겨져 쉽게 벗어날 수 있는 상황이 되었음에도 다시 자유

| 학습된 무기력

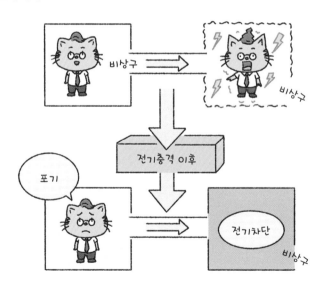

를 얻으려는 시도를 하지 않았다.

당신은 삶이 마음대로 되지 않을 때 숙명론적 관점을 견지하며 '나의 불행은 어쩔 수 없다'고 생각한다. 예를 들어 직장을 옮겨 다른 삶을 살겠다고 말하면서도 여전히 하루하루 영혼 없는 기계처럼 살고 있다.

매일같이 꿈을 포기하고, 하루하루 체중만 불어가는 게 습관이 된다. 거울 속에서 점점 더 통제불능이 되어가는 자신을 바라보는 것이 습관이 된다. 모든 일에 무감각해지면 '내가 무엇을 하든 고통을 끝낼 수 없다'는 생각에 스스로에게 더 이상 그 어떤 요구도 하지 않게 된다.

무기력 극복하기

일부로 전체를 판단하지 말자

관념적으로 학습된 무기력 상태에 굴복하는 사람은 생명의 무기력함을 보편화시킨다. 공부를 포기한 학생은 왜 생활의 다른 부분마저도 쉽사리 포기하는 걸까? 원인은 학습된 무기력을 공부 이외의 영역까지 확장시키는 것이다. 스스로 공부를 못하니 나는 부족한 사람이라고 여기는 것이다. 그러므로 어느 한 부분이 부족한 것이 모든 부분의 부족함을 의미하는 것이 아니라는 것을 스스로에게 상기시키려는 노력을 기울여야 한다.

별 게 다 고민인 사람들을 위한 심리학

작은 일을 통해 삶의 주도권을 회복하자

학습된 무기력이 걱정된다면 작은 일부터 변화시켜 자신이 삶을 주도해나갈 능력이 있음을 확인해볼 수 있다. 리모컨을 조작하고, 자전거를 타고 카페에 가는 등 천천히 다른 부분까지 확대해 무감각에 빠지지 않도록 하자.

지나치게 원대한 목표를 설정하지 말고 목표를 세분화하도록 하자. 예를 들어 이전에는 1주일에 걸쳐 마무리했던 일을 이번에는 2주일의 시간을 할애해 완성해보자. 우선 몇 가지 성공경험의 기회를 만들어 자신감을 회복하고, 차츰 삶의 주도권을 잡도록 해야 한다.

스스로에게 여유를 주자

무기력을 해결하려면 행동이 필요하고 그에 걸맞은 인내심이 필요하다. 변화를 서두르다 보면 심리적인 압박을 느낄 수 있다. 이럴 경우 오히려 목표를 실현하지 못해 더 서글퍼질 수 있다. 때로는 휴식이 필요하다. 지친 우리에게 필요한 건 비타민이 아니라 달콤한 잠이다.

❋ 심리학 조언

스스로에게 "나는 변할 능력이 있다"고 말하자. 인생을 변화시킬 수 있을지 여부는 자신에게 달려 있다. 누구는 평범하고 포부가 있으며, 또 누구는 패기 있고 당차다. 하지만 역사는 늘 놀랍게도 비슷하다. 어려움을 겪은 사람은 종종 안이함에 빠진 사람보다 더 쉽게 성공하곤 한다.

07

나는 왜
늘 불안할까?

심리학자 안나 프로이트(Anna Freud)의 견해에 따르면 안정감이란 자신을 보호하고자 하는 방어상태다. 이런 상태는 모든 사람이 본능적으로 추구하는 것이다.

가족치료 전문가인 버지니아 사티어(Virginia Satir)는 대개 성장과정에서 외부세계와 연결할 수 있는 기회가 세 번 있다고 말했다. 앞선 두 번은 수정될 때와 태아가 자궁을 떠날 때이고, 세 번째는 세상에 대한 탐색을 시작할 능력을 갖췄을 때다. 앞선 두 번의 기회와 달리 세 번째는 우리에게 선택할 능력이 있고, 능동적으로 인지하고 창조하여 우리의 생명력을 분출할 수 있는 기회다. 외부와의 연결이 잘 이루어지면 안정감의 토대가 마련되지만, 그렇지 못한 경우 어른이 되어서도 늘 불안한 상태에 놓이게 된다.

관점을 바꿔보면 우리가 줄곧 자궁 안에 살았더라도 밖으로 나온 후에는 더 이상 유형의 자궁에 의존할 필요가 없을 것이다.

안정과 불안의 차이

마음이 단단한 아이들은 엄마 아빠와 멀리 떨어질 수 있지만 어떤 아이들은 잠시도 떨어지지 못하는 경우를 볼 수 있다. 우리는 여전히 아이다. 우리는 믿음을 배울 필요가 있다. 세상을 탐색하는 과정이 안전하다는 것을 믿어야 한다. 여기서 안전이라는 것은 상처받지 않는 것이 아니라 성장과정에서 리스크를 마주하고 풀어나가는 기술을 배우는 것이다. 부모 곁을 떠나지 못하는 아이 중 일부는 "바깥세상은 매우 위험해. 엄마 아빠 곁에 있어야만 안전하단다"라는 부모의 말 때문에 스스로 안정감을 형성할 기회를 잃은 것이다.

반대로 어떤 아이들은 몰인정하게 집을 나서거나 영원히 어느 누구에게도 곁을 주지 않는 방랑자가 된다. 이 역시 안정감이 부족하다는 표현이다. 그는 세상에 안전한 곳이 있다는 것을 믿지 않으며, 자신은 언제나 위험에 처해있으니 굳이 관심을 기울여야 할 관계도 없고 '어떤 노력을 기울이든 이곳은 믿을 수 없어'라고 생각한다.

자기점검: 나는 안정감이 없는 사람일까

안정감을 느끼지 못하면 우리의 마음속 방어기제는 자극을 받는다. 안나 프로이트는 10가지의 상황에 대해 다음과 같이 정리했다.

상황	표현
부정	문제가 존재한다는 것을 거부하고 불안하지 않다고 가장한다.
투사	불안함에서 오는 걱정을 타인의 탓으로 돌린다.
전향	받은 상처를 자신의 탓으로 돌리고 상처를 작게 해석하려고 한다. 예를 들어 부모가 당신을 사랑하지 않는다는 현실을 받아들이는 것보다 스스로에게 "내가 부족한 거지, 부모가 날 사랑하지 않는 게 아니야"라고 말한다.
승화	불안의 고통을 잊기 위해 일에 몰두하여 지나치게 노력을 기울인다.
퇴행	성숙한 해결방법을 포기하고 유치한 방법으로 일처리를 한다.
합리화	자존감을 지키기 위해 다른 사람을 평가절하하며 책임을 회피한다.
주지화	이성적으로 스토리를 만들어 마주한 고통을 해소한다. 대부분이 실연 후에 이런 반응을 보인다. 이별의 원인을 깊이 고민하여 검증할 수 없는 답안을 찾아낸다.
반동형성	때로는 걱정에서 벗어나기 위해 완전히 다른 반응을 한다. '나는 그렇게 생각하지 않아', '나는 그렇게 약하지 않아'라고 자신에게 말한다.
역전	억압된 정서와 충동을 다른 사람과 사물에 분출한다.
환상	생각을 돌리는 방법으로 불안을 해소한다.

안정감을 느끼는 방법

안정감을 형성해야 할 아동기에 그 기회를 놓쳤다면 성인이 된 지금 어떻게 안정감을 형성할 수 있을까?

불안한 상태를 받아들이자

일반적으로 안정감은 집을 짓는 것과 같다. 보이고 손에 잡히는 외재적인 사물로 얻어지는 것이다. 하지만 우리가 외재적인 사물로 안정감의 토대를 삼는다면 오히려 외재적인 사물에 의해 좌지우지 될 수 있다. 만약 안정감의 토대를 집에서 찾는다면 그건 당신의 안정감의 토대를 부동산업자의 손에 넘긴 것이나 다름없다. 이때는 우선 자신이 불안하다는 사실을 받아들이고 안정감을 추구하면 된다. 유치하고 유약한 것이 아니니 모른 척하거나 부정하는 것은 안정감을 높이는 데 도움이 되지 않는다.

| 안정감을 형성하는 법

1 불안한 상태를 받아들인다.
불안해서 느끼는 공포를 이기기 위해서는 우선 불안한
상황을 받아들여야 한다.

2 현실세계로 돌아오자.
완벽하지 않은 현실을 받아들이고, 자신의 힘으로
행복을 만들어갈 수 있다고 믿자.

3 타인과의 연결고리를 만들자.
타인과 적극적으로 교류하고
건전한 인간관계를 만들어 서로 돕자.

현실세계로 돌아오자

안정감은 개인에게서 나오며 개인에게 국한된다. 안정감은 자신의 진정한 욕구를 충족시키는 방법을 점진적으로 학습하는 과정이다. 이 과정을 통해 우리는 비로소 자신만이 자신에게 행복을 줄 수 있는 사람이라는 사실을 알 수 있다. 우리는 현실세계가 완벽하지 않다는 것을 받아들여야 한다. 절대적으로 완벽한 것은 환상일 뿐이다. 우리가 엄마의 자궁으로 돌아가는 것이 영원히 불가능하듯이 말이다.

타인과의 연결고리를 만들자

사방을 둘러보면 모든 사람이 나와 마찬가지로 엄마의 자궁을 떠나 살아가고 있다. 사실 우리 모두는 유약하기 때문에 힘들더라도 자신만의 안정감을 키워야 한다. 그래서 우리는 서로 연결되어야 한다. 특수한 강자나 거인과의 연결이 아니라 우리와 같이 사랑과 따스함이 필요한 보통사람과 말이다. 연결이란 강제로 얻어지는 것이 아니라 서로 주고받는 것이다. 그 과정을 통해 우리는 더 이상 약하지 않고 강인해진 자신을 만날 수 있다.

※ 심리학 조언

안정감은 자신이 만드는 것이다. 그렇다고 해서 반드시 고독한 길을 걸으라는 의미는 아니다. 충분한 안정감을 갖춘 사람은 자신을 활짝 열고, 타인이 자신을 위해 만든 세상이 가까이 갈 수 없는 장벽이 아니라 들어갈 수 있고 서로 물물교환을 할 수 있는 시장이길 바란다.

별 게 다 고민인 사람들을 위한 심리학

08

노력 없는 성공이
가능할까?

'우유를 파는 소녀'라는 제목의 동화가 있다. 동화 속 소녀는 신선한 우유를 한 통 가득 짜서 머리에 이고 산 아래 시장에 가서 내다 팔 계획이었다. 산 아래로 내려가면서 소녀는 우유를 팔고 나면 옷을 살 수 있을 거라고 생각했다. 예쁜 옷을 입고 왕궁에서 열리는 무도회에 가서 왕자님을 만날 것이다. 소녀와 춤을 추던 왕자는 소녀에게 반하고 만다. 그래서 소녀는 우유 파는 소녀에서 왕자의 신부가 되어 궁전에 살면서 행복한 하루하루를 보낸다.

상상이 최고조에 이르자 소녀는 손과 발을 움직이며 춤을 추기 시작했다. 그러다 그만 머리에 우유를 이고 있다는 사실을 잊고 말았다. 우유는 쏟아졌고 모든 가능성은 수포로 돌아갔다. 소녀의 아름다웠던 꿈은 산산조각이 났다. 당신도 혹시 우유 파는 소녀처럼 운에 기대 이상을 이루겠다는 생각을 하지는 않는가? 그렇다면 현실은 말할 것이다. "당신은 틀렸어!"라고 말이다.

노력이 없다면 그저 꿈일 뿐이다

이론적으로는 노력하지 않으면서 발전하는 것이 실현가능하긴 하다. 첫 번째 가능성은 환상을 통해서다. 영화 〈어톤먼트(Atonement)〉 속 소녀는 현실에서 언니와 언니의 애인을 영원히 만나지 못하게 만든다. 속죄하기 위해 그녀는 책을 한 권 쓴다. 이야기 속에서 언니와 그의 연인은 평생을 함께한다. 비록 완벽한 스토리로 죽은 자의 한을 풀어줄 수는 있을지 모르지만 사실은 결코 변하지 않는다. 또 다른 가능성은 기준을 낮추는 것이다. 관리학자인 예쾅스(葉匡時) 교수는 개인의 성공

| 노력하지 않는 이유

노력의 과정이 매우 힘들다.

실패가 두렵다.

별 게 다 고민인 사람들을 위한 심리학

과 실패에 대해 논하면서 소위 성공과 실패는 개인의 마음가짐에 달렸다고 말했다. 자신에 대한 기준이 높으면 자연스레 목표를 이루기 어렵고 그 기준이 낮으면 쉽게 성공할 수 있다.

결과적으로 두 번째 방식이 비교적 합리적이다. 마치 하루에 책 한 권을 다 읽기는 어렵지만 10페이지나, 이마저도 어렵다고 느껴지면 하루 한 페이지를 목표로 삼으면 아주 쉽게 읽을 수 있는 것처럼 말이다. 결론적으로 우리가 노력하지 않는 이유는 두 가지인 셈이다. 하나는 노력의 과정이 고통스럽고, 다른 하나는 실패가 두려운 것이다.

실패에 대한 두려움을 줄이는 법

실패가 두렵다면 '나는 하지 않겠어'를 '난 해보겠어'라는 생각으로 변화시켜 자제력을 키워볼 수 있다. 연구에 따르면 자신의 행동을 저지할수록 우리의 욕망이 더 끓어오르는 것으로 나타났다. 스스로 "난 못하겠어"라고 말하는 순간 우리의 생각은 저지당하고, 동시에 우리의 마음도 스트레스를 받으며 불안해진다. 이런 불안은 우리의 자제력을 쉽게 무너트린다. 심리학자 켈리 맥고니걸은 욕망을 받아들이라고 말한다. 단, 마음의 힘을 이룰 수 없는 욕망을 억누르는 데 쓰는 것이 아니라 자신의 목표를 실현하는 뒷받침으로 활용하라는 것이다.

노력하는 법을 배우면 어렵지 않다

노력은 스트레스를 유발한다. 이상을 실현하는 과정은 고통스러울 수밖에 없다. 하지만 그렇다고 해서 그 고통이 나쁘다는 의미는 아니다. 적당한 스트레스는 업무에 더 몰입하게 한다는 여키스-도슨의 법칙(Yerkes-Dodson Law)에 따르면 학습내용이 너무 어려우면 힘들고 또 너무 쉬우면 발전하는 재미를 잃게 된다고 한다. 그러므로 노력하는 습관을 기르기 위해 다음과 같은 시도를 해보자.

난이도의 등급을 나누자

이루고자 하는 목표의 단계를 나누어 완성하는 것이다. 예를 들어 다섯 단계로 나누는 것이 너무 힘들다면 10단계로 나눠 차근차근 노력을 기울인다면 더 쉽게 달성할 수 있다.

0원으로 시작해 100만 원을 버는 것은 어렵지만, 목표를 5만 원으로 잡고 다음 단계에서는 10만 원을 목표로 한다면 훨씬 쉬울 것이다. 5만 원을 벌었던 경험이 있는 만큼 10만 원을 버는 스트레스는 그리 크지 않을 것이다.

보상제도를 만들자

각 단계의 임무를 완수하면 스스로에게 상을 주는 것이다. 한 단계가 끝나면 맛있는 음식을 먹는 것과 같이 말이다. 하지만 보상은 노력한

별 게 다 고민인 사람들을 위한 심리학

정도에 비례해야 한다. 지나친 보상은 다음 단계를 해내야겠다는 의지를 깎아내릴 수 있다.

자신과 비교하자

발전의 개념은 상대적인 느낌이다. 만약 해당 분야의 고수와 비교한다면 그와의 성과차이는 요원하기만 할 것이다. 하지만 자신과 비교한다면 자신이 발전하고 있다는 사실을 더 쉽게 느낄 수 있다.

목표를 설정하자

노력은 발전을 위해서지만 목표가 현실적이지 않거나 진심으로 바라는 것이 아니라면 노력을 고취시킬 동력을 찾기 어렵다. 실질적이고 자신의 성격에 맞는 목표를 설정해야만 우리의 노력을 고취시킬 수 있다.

09

얼마나 벌어야
만족할까?

부자가 되고 싶다면 우선 돈의 의미를 알아야 한다. 일본의 한 금융애널리스트는 돈을 모으지 못하는 사람은 돈의 배후에 깔린 가치를 보지 못하기 때문이라고 했다. 이밖에도 사람이 돈의 가치를 어떻게 구현하는지도 알아둘 필요가 있다.

아득한 옛날에 사람들은 사냥을 하고 채집을 하며 생계를 이어갔지만 오늘날에는 뭐든 다 먹을 수 있다. 돈이 발명된 이후 사람들은 돈을 모으며 미래를 계획했다. 그리고 계획된 미래는 우리 마음에 안정감을 심어 주었다.

돈은 숫자로 계산할 수 있고 비교적 쉽게 삶과 미래에 안정감을 제공한다. 반대로 이해하기 어렵고 계산하기도 어려운 가치는 안정감을 주기 어렵다. 사람들이 학과를 선택하고, 배우자를 선택할 때도 돈으로 따지는 이유가 바로 여기에 있다.

돈을 번다는 건 살아있는 돈을 버는 것이다

모든 사람의 마음은 각양각색이지만 기본적으로 어떤 비장의 카드로 큰돈을 벌고자 하는 마음은 누구에게나 있다. 다시 말해 다양한 가치를 가진 교환의 방식으로 돈이 변환되어 재산으로 축적된다. 이 점을 위해 우리는 때로 아무런 노력도 기울이지 않았고, 후회스러운 결정을 하면서도 왜 몰랐던 건지에 대해 분명히 해둘 필요가 있는지도 모르겠다. 다음은 자신과 타인의 가치를 평가하는 과정에서 흔히 만나게 되는 몇 가지의 오류다.

세 가지로 분류한 지갑

우리는 돈으로 가치를 따질 때 기본적으로 세 가지 유형으로 구분한다.

- 소비: 명품 옷 등을 구입하는 경우
- 투자: 대학 학비 지출
- 투기: 도박, 주식

자신의 가치를 가늠하고 나아가 가치를 올려 행복을 얻고 싶을 때 종종 우리의 소비유형을 혼동하기도 한다.

사람들은 소비와 투자를 혼동한다. 예를 들어 책을 읽으면 더 많은 돈을 벌 수 있을 것이라 생각하지만 결과적으로 신진저인 업무능력이

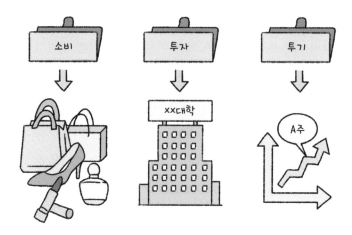

향상되지는 않는다. 하지만 취업을 하는 데는 도움이 되기도 한다. 어떤 사람들은 투자와 투기를 혼동하며 답이 없을 감정에 더 많은 사랑을 쏟아부으면서 상대방도 언젠가는 나를 사랑할 것이라 여기며 투자라고 생각하지만, 사실은 투기일 뿐이다.

신의 시선

투자와 투기의 가장 큰 차이는 리스크에 있다. 하지만 행동경제학의 시조라고 불리는 대니얼 카너먼(Daniel Kahneman)의 말처럼, 사람들은 낮은 확률에 대한 반응은 지나칠 정도로 뜨거운데 반해 높은 확률에 대한 반응은 차갑다. 마치 비행기 탑승 사망률이 다른 교통사고에 비해 현저히 적지만 우리는 비행기 탑승을 더 두려워하듯이 말이다. 또 복권 1등 당첨금이 1억 원일 때는 이성적으로 확률을 판단하다가도 당첨금이 10억 원까지 올라가면 판단하는 기준에 편차가 생긴다. 연구에 따르면 사람들이 복권을 살 때 자신이 일등에 당첨될 확률을 실제 확률보다 281배나 높게 느낀다고 한다. 이런 과한 예측을 하는 심리를 '신의 시선'이라 부르기도 하는데, 사람은 사건의 발생 가능성에 대해 실상과 동떨어진 예측을 하면서 스스로는 믿어 의심치 않는다.

| 신의 시선

상금이 많지 않을 때 우리는 이성적으로 당첨확률을 판단한다.

상금이 많을 때 우리는 당첨확률을 이성적으로 판단하지 못하고
조금이라도 당첨될 것이라고 생각한다.

돈은 소유가 아니라 창조다

우리는 얼마나 많이 가졌는지로 누군가의 가치를 매기면서 그 가치가 영원하지 않다는 사실을 잊곤 한다.

직장을 구할 때 나이는 중요한 고려 요소일 수 있다. 나이는 그 사람이 회사를 위해 얼마만큼의 생산성을 보탤 수 있는지를 의미하며, 얼마만큼의 가치를 창출하느냐를 뜻한다. 3,40대 근로자들의 연봉이 높은 이유는 이 시기가 가치창출 수준이 최고 수준에 달하기 때문이다.

심리학 연구에서는 로또 일등에 당첨된 사람과 전쟁으로 인해 부득이하게 몸의 일부를 절단한 지 6개월 된 사병의 행복지수가 큰 차이가 없다는 사실을 발견했다.

때로 우리 눈앞의 아름다움에 현혹되어 가치와 시간이 미치는 영향을 잊곤 한다. 지금 현재만 봐서는 한 사람 혹은 한 사업의 가치를 정확하게 판단할 수 없는 것이다.

심리학 조언

최선을 다해 돈을 버는 펀드매니저는 일에만 몰두한 결과 건강관리에 소홀했고 결국 중년에 접어들어 벌어둔 돈의 절반을 병원비로 지불해야 했다. 그러므로 인생을 설계하면서 자신에게 정말 필요한 것이 무엇인지 정확히 파악해야만 부를 축적하는 과정에서 하나만 얻고 하나는 잃는 과오를 범하지 않을 수 있다.

별 게 다 고민인 사람들을 위한 심리학

10

다른 사람의 시선이
궁금한 이유

몸과 마음의 조화를 이루고 자유로운 하루를 보내기 위해서는 외부세계에 대한 인지가 바탕이 되어야 한다. 원시인들은 살기 위한 본능으로 생명의 위협을 피해 안정감을 느낄 수 있는 환경을 찾았다.

현대화가 진행되면서 이런 안전을 요하는 환경은 주변에서 사람을 공격하던 날짐승들에서 내 주변의 타인으로 변화하였다. 이 주변 사람들은 '상사가 내 기획안을 마음에 들어 할까?' '배우자의 마음은 진심일까?' '집을 파는 것이 가치가 있을까?'와 같은 고민거리를 던지며 우리의 안정감에 관여한다.

다양한 현상은 기괴한 상황을 알려준다. 디지털 시대에는 천 리 밖의 정보도 쉽게 접할 수 있게 되었지만 정작 주변 사람들은 무슨 생각을 하는지 모른다. 하지만 천 리 밖의 정보가 우리에게 주는 안정감은 주변 사람에게 얻는 안정감에 비할 바가 못 된다. 따라서 다른 사람의 생각을 읽을 줄 아는 것이 무엇보다 중요해졌다.

왜 나에 대한 시선이 궁금할까

나에 대한 시선이 궁금한 데는 대략 세 가지 원인이 있다. 첫째, 모든
사람에게는 자기애가 있다. 혹은 본능적으로 자신을 사랑하는 경향이
있다고 할 수 있다. 단체사진을 보면 제일 먼저 자기 얼굴부터 찾아보
는 이유다. 둘째, 사람은 사회적 동물이다. 외부의 연결을 통해 자신을
인식할 필요가 있다. 교육심리학에서 말하자면 학습은 모방에서 시작
된다. 소위 모방이란 자신을 알아가는 방식이다. 연결이 부족하면 자아
인식이 부족해진다. 뿐만 아니라 사회에서 뿌리내릴 때도 우리는 자신
에게 부여된 사회적 이미지를 알아야 할 필요가 있다. 셋째, 사람은 거
짓말을 한다. 우리는 인간에게 거짓말하는 능력이 있다는 것을 잘 안
다. 그래서 스스로의 모습을 확인할 때 다른 사람의 말을 근거로 하는

| 나에 대한 시선이 궁금한 이유

별 게 다 고민인 사람들을 위한 심리학

경우가 많다. 진정으로 우리를 괴롭히는 것은, 바로 인류의 표면적인 행동이 가져오는 불확신이 우리를 불안하게 한다는 점이다.

평가는 서로를 연결하는 방식이다

소위 관점이라는 것은 서로 상대를 평가하는 것이다. 상호 연결하는 행동준칙이다. 심리학자 아들러는 이와 같은 상호 평가를 통해 인간관계를 지속하는데, 사람에 대한 관점은 다음의 특성이 있다고 했다.

행동적인 면

- 자립
- 사회와 조화롭게 공존할 수 있다.

심리적인 면

- 나는 능력 있는 사람이다.
- 사람들은 모두 나의 파트너다.

서로 알아가는 데에는 일반적으로 세 가지 단계가 있다. 이 세 단계 역시 건강하지 못했던 열등감이 건강한 열등감으로 변화하고, 자신감 없던 사람이 자신감을 회복하는 단계다

단계 1. 표면적 인지

사람과 사람 사이의 관계는 표현에 국한된다. 미움받는 것이 두렵다는 생각이 우리 마음속에 감돌면, 자기도 모르게 다른 사람에게 맞추며 스스로 좋아하지 않는 사람이 된다. 이럴 때 우리는 우리를 보는 다른 사람의 시선을 알 수 없다. 그래서 서로 가면을 쓰고 진실이 아닌 말을 하고 진실이 아닌 모습을 볼 수도 있다.

단계 2. 깊이 알아가기

우리는 마음의 문을 열어 타인에 대한 분노와 원망이 스스로 만든 것이며 스스로에게 등급을 매겼다는 사실을 볼 수 있어야 한다. 따라서 자신을 받아들이는 노력을 기울여야만 진실한 모습으로 타인과 다시 관계를 맺을 수 있다. 우리는 자신의 이익을 위해서 다른 사람을 조종하거나 조종당해서는 안 된다.

단계 3. 진실한 만남

이해득실을 따지며 관계를 보는 것에서 벗어나 순수하게 서로의 장점을 본다. 우리가 다른 사람을 돕는 것은 그 사람의 신분, 성별, 인종 때문이 아니라 도움이 필요해서다. 나와 다르다고 해서 상대방을 무시하지 않으며 나에게 큰 이익이 있기 때문에 가식적으로 상대방에게 아부하지 않는다.

별 게 다 고민인 사람들을 위한 심리학

단계 1. 표면적 인지

외모

몸매

화장

단계 2. 깊이 알아가기

성격

정서

취미

단계 3. 진실한 만남

훌륭한 장점

우리가 가장 진실한 방식으로 자신을 대하고 타인을 대한다면 인간 관계는 자연히 다시 조화로워질 수 있다. 우리에 대한 다른 사람의 시선이 진실한지에 대해 굳이 추측해볼 필요가 없다.